21 世纪高等职业教育特色精品课程规划教材
高等职业教育课程改革项目研究成果

桥涵水力水文

郭丰敏　李瑞涛　程　胜　主　编

王祥瑞　崔　岩　副主编

李同斌　卢长伟　主　审

北京理工大学出版社
BEIJING INSTITUTE OF TECHNOLOGY PRESS

内 容 提 要

本书为交通土建类专业高职高专统编特色精品教材。全书包括水力学、桥涵水文和桥涵设计等内容，主要讲述水静力学、水动力学基础、明渠均匀流、明渠非均匀流、堰流及其下游的消能、河流基本知识、水文统计基础、大中桥设计流量的推算及大中桥桥位的选择、桥面中心的标高、基础桥下的冲刷及基础的最浅埋深等。每个学习情境之后都配有复习思考题，以便于学习。

本书可以作为高等职业教育道路与桥梁工程技术及其他一些交通土建类专业的教材，也可以作为从事路桥设计、施工、工程测量、工程监理工作的工程技术人员的参考用书。

图书在版编目（CIP）数据

桥涵水力水文／郭丰敏，李瑞涛，程胜主编. —北京：北京理工大学出版社，2010.6（2019.7 重印）
ISBN 978 - 7 - 5640 - 3160 - 2

Ⅰ. ①桥… Ⅱ. ①郭…②李…③程… Ⅲ. ①桥涵工程 - 水力学 - 高等学校：技术学校 - 教材②桥涵工程 - 工程水文学 - 高等学校：技术学校 - 教材 Ⅳ. ①U442.3

中国版本图书馆 CIP 数据核字（2010）第 074209 号

出版发行／北京理工大学出版社有限责任公司
社　　　址／北京市海淀区中关村南大街 5 号
邮　　　编／100081
电　　　话／(010)68914775(总编室)
　　　　　　(010)82562903(教材售后服务热线)
　　　　　　(010)68948351(其他图书服务热线)
网　　　址／http://www.bitpress.com.cn
经　　　销／全国各地新华书店
印　　　刷／河北鸿祥信彩印刷有限公司
开　　　本／787 毫米×1092 毫米　1/16
印　　　张／10.5
字　　　数／241 千字
版　　　次／2010 年 6 月第 1 版　2019 年 7 月第 6 次印刷
印　　　数／8001 ~ 9500 册　　　　　　　　　　　　　责任校对／陈玉梅
定　　　价／32.00 元　　　　　　　　　　　　　　　　责任印制／边心超

图书出现印装质量问题，请拨打售后服务热线，本社负责调换

前　言

本书以水力学作为基础，进而深入到桥涵水文以及桥涵设计基础，以水力学的原理和解题方法，对桥涵的设计流量、设计水位、水工建筑物尺寸的大小等均进行了深入讲解，以最新颁布的《公路桥涵设计通用规范》（JTG D60—2004）、《公路圬工桥涵设计规范》（JTG D61—2005）为主要依据，介绍了桥涵的构造及设计原理。

本书根据编者们多年的教学和工程实践经验，对上述规范作了必要的解释和说明，介绍了实用的计算方法。本书通过调研及邀请企业一线路桥施工设计养护等人员共同进行研究，对道路与桥梁工程的施工设计进行岗位能力分析，根据岗位能力要求，将水力学及桥涵水文理论课程内容分解为与岗位能力相对应的水力学、桥涵水文和桥涵设计基础三个教学项目，主要通过各个学习情境介绍了静水力学、动水力学、明渠均匀流、明渠非均匀流、堰流等；也介绍了河流的基本概况、水文统计的基本知识、水文调查、大中桥设计流量的推算、桥位的选择和勘测、桥面中心的最低标高、冲刷的计算等内容。

本书重点突出，主次分明，深浅适度。为了便于学生学习，在每个情境后附有例题、复习思考题或习题，以便于学习者更好地掌握教学内容。考虑到我国的国情和地区性差异，并结合院校具体情况，教师在授课过程中可以对本书内容作适当增减。教学中应该积极使用现代化教学手段，配备相应的教学辅件，增进教学效果。

参与本书编写的人员有：吉林交通职业技术学院的郭丰敏、李瑞涛、程胜、崔岩、孟凡成、李继伟、李晓红、齐丽云、汤红丽、车广侠、王雨楠、慕平、闫淑杰、陈立春等老师；吉林建筑工程学院的王祥瑞老师；吉林交通职业技术学院设计院的张立华、赵万英工程师；中国水利水电一局的张泽，以及上海岩土勘察设计院的党海燕也在本书编写的过程中给予大力支持和帮助。

本书由郭丰敏、李瑞涛、程胜担任主编，王祥瑞、崔岩担任副主编。具体分工如下：郭丰敏编写总说明和项目一的学习情境一、二、四；李瑞涛编写项目二的学习情境二、项目三的学习情境一、二；程胜编写项目一的学习情境三；王祥瑞编写项目一的学习情境五；崔岩、张立华编写项目三的学习情境三中子学习情境一、二；孟凡成、李继伟、李晓红、车广侠、齐丽云、慕平、陈立春、赵万英共同编写项目二的学习情境一；汤红丽、闫淑杰、张泽、党海燕、王雨楠共同编写项目三的学习情境三中子学习情境三、四以及所有课后习题。

全书由郭丰敏统稿。在编写过程中特聘了吉林大学环境与资源学院资深教授李同斌，吉林省水利水电勘测设计研究院的卢长伟院长兼高工担任本书的主审工作，对于本书后附的参考文献的编著者在此一并表示衷心的感谢！

由于编者水平有限，再加上时间仓促，书中难免出现不妥和疏漏之处，恳请广大读者批评指正。

编　者

目　录

总　说　明

学习目标：掌握本课程的学习目的任务和方法

能力目标：掌握本门课程综述的问题和液体的主要物理性质等内容

一、本课程的学习目的与任务

公路沿线所设置的桥梁和涵洞，不仅是用来跨越河流、沟渠和承受车辆及人群荷载的承重构造物，同时又是在河流上担负着排水输沙、防止冲刷、保证道路与桥梁安全使用、畅通无阻的泄水建筑物。因此在公路桥涵设计中，以承受车辆荷载为主进行的结构设计属于《桥涵设计》课程的内容，将在后续的课程中学习，而满足泄水等水力水文要求进行的总体设计，则属于本门课程研究和要解决的主要问题。

在公路桥涵的总体设计中，包含选择桥涵的位置、桥涵的孔径、桥面中心的最低标高和基础地面的最浅埋置深度，以及相应的调治构造物等。为了解决这些专业技术问题，必须掌握和了解有关河床演变的趋势以及泥沙的运动情况、洪水情况、水流自身的作用规律及其对构造物的作用规律等，同时还必须掌握有关洪水位和流速、设计流量、设计水位等水利水文要素的分析和计算方法。本课程正是围绕这些问题，循序渐进地展开论述的。

《桥涵水力水文》课程由三个部分组成。第一部分为水力学，主要包括水静力学、水动力学、明渠水流以及消能设施的水力计算；第二部分为桥涵水文，主要包括河流基本知识、形态勘测与水文调查、桥涵的各种设计流量的推算方法；第三部分为水力水文知识在公路桥涵设计中的具体应用，主要包括各种大中桥桥位布置、桥孔长度的确定、桥面中心设计标高、桥下冲刷深度及各种桥涵孔径的确定方法等。

本课程的学习目的是：学习掌握水力水文的有关知识，能够进行综合分析，并依据相关的公路桥涵规范规定，较全面地为路基排水、桥涵设计和施工提供必要的水力水文方面的数据和结论依据，同时熟练掌握一般桥梁的桥位设计方法和步骤等。

本课程主要研究水体的平衡和运动规律及水文现象，以及根据公路桥涵的总体设计进行水力水文计算的基本理论和方法。要求学生学习本门课程后，能够确定公路桥涵的水力荷载，进行输水能力计算及陡坡消能设施的水力验算和宽顶堰的水力计算；能够进行形态勘测和水文调查，并且运用所收集的资料推求桥涵断面的设计流量及设计水位；能够合理选择桥位，确定桥梁所需跨径和桥面中心的最低标高，确定最大冲刷线标高和墩台基底的最浅埋置深度，同时配置相应的调治构造物；能够通过查表或计算确定小桥涵孔径，并合理选择进出水口的处理方法。

二、液体的主要物理力学性质

水力学是研究液体机械运动规律的科学。液体受力而作机械运动，其状况取决于液体自身的物理性质，本节仅讨论液体的主要物理力学性质。

1. 惯性、质量和密度

（1）惯性（Inertia）：液体具有保持原有运动状态的物理性质。

（2）质量（Mass）（M）：质量是惯性大小的量度。

（3）密度（Density）（ρ）：单位体积所包含的液体质量。

若质量为 M，体积为 V 的均质液体，其密度为

$$\rho = \frac{M}{V} \tag{0-1}$$

对于非均匀质液体，有

$$\rho = \rho(x,y,z) = \lim_{\Delta \overline{V} \to 0} \frac{\Delta M}{\Delta \overline{V}} \tag{0-2}$$

式中，密度的单位为 kg/m³；密度的量纲为 $\rho = [ML^{-3}]$。

液体的密度随温度和压力变化，但这种变化很小，所以水力学中常把水的密度视为常数，即采用一个大气压下，4 ℃纯净水的密度（$\rho = 1\,000$ kg/m³）作为水的密度。

2. 重力和重度

（1）重力（Gravity）（G）：液体受到地球的万有引力作用，称为重力，即

$$G = Mg \tag{0-3}$$

式中，g 为重力加速度。

（2）重度（Unit Weight）（γ）：单位体积液体的重力称为重度或容重，即

$$\gamma = \frac{G}{V} = \frac{Mg}{V} = \rho g \tag{0-4}$$

式中，重度的单位：N/m³；重度的量纲为 $[\gamma] = [ML^{-2}T^{-2}]$，液体的重度也随温度变化。空气和几种常见液体的重度见表 0-1。

表 0-1 空气和几种常见液体的重度

流体名称	空气	水银	汽油	酒精	四氯化碳	海水
重度/（N·m⁻³）	11.82	133 280	6 664 ~ 7 350	7 778.3	15 600	9 996 ~ 10 084
测定温度/℃	20	0	15	15	20	15

在 1 个大气压下，纯净水的密度和重度随温度的变化见表 0-2。

表 0-2 纯净水的密度和重度

$t/℃$	0	4	10	20	30
密度/（kg·m⁻³）	999.87	1 000.00	999.73	998.23	995.67
重度/（N·m⁻³）	9 798.73	9 800.00	9 797.35	9 782.65	9 757.57
$t/℃$	40	50	60	80	100
密度/（kg·m⁻³）	992.24	988.07	983.24	971.83	958.38
重度/（N·m⁻³）	9 723.95	9 683.09	9 635.75	9 523.94	9 392.12

在水力计算中，常取 4 ℃纯净水的重度作为水的重度，$\gamma = 9\,800$ N/m³。

3. 黏性和黏度

黏性（Viscosity）：运动着的液体具有的抵抗剪切变形能力（相对运动）的物理性质，也称为黏性或黏滞性。

由于液体具有黏性，液体在流动过程中，就必须克服流层之间的内摩擦力作功，这就是液体运动必然要损失能量的根本原因。因此，液体的黏性在水动力学研究中具有十分重要的意义。

1686 年，著名科学家牛顿（Newton）做了如下试验：在两层很大的平行平板间夹一层很薄的液体（如图 0 - 1 所示），将下层平板固定，而使上层平板运动，则夹在两层平板间的液体发生了相对运动。

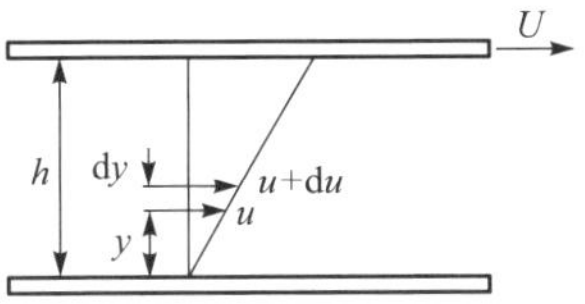

图 0 - 1　牛顿实验

实验发现，两层平板间液体的内摩擦力 F，与接触面积 A 成正比，与液体相对运动的速度梯度 U/δ 成正比。因平板间距 δ 很小，可认为液体速度呈线性分布，即 $U/\delta \sim \mathrm{d}u/\mathrm{d}y$，

$$F \propto A \frac{\mathrm{d}u}{\mathrm{d}y} \qquad (0-5)$$

引入比例系数 μ，可将上式写成等式

$$F = \mu A \frac{\mathrm{d}u}{\mathrm{d}y} \qquad (0-6)$$

这就是著名的牛顿内摩擦定律。

式中，μ 称为动力黏度（或动力黏性系数）（Dynamic viscosity）。μ 值大小与液体种类和温度有关。黏性大的液体 μ 值高，黏性小的液体 μ 值低。

牛顿内摩擦定律也可用单位面积上的内摩擦力 τ 来表示，即

$$\frac{F}{A} = \tau = \mu \frac{\mathrm{d}u}{\mathrm{d}y} \qquad (0-7)$$

可以证明：流速梯度 $\dfrac{\mathrm{d}u}{\mathrm{d}y}$，实质上代表液体微团的剪切变形速率。

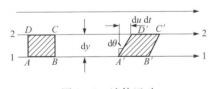

图 0 - 2　液体运动

如图 0 - 2 所示，从图 0 - 1 中将相距为 dy 的两层液体 1 - 1 及 2 - 2 分离出来，取两液层间的矩形微团 $ABCD$，经过 dt 时段后，该液体微团运动至 $A'B'C'D'$。因液层 2 - 2 与液层 1 - 1 间存在流速差 du，微团除平移运动外，还有剪切变形，即由矩形

$ABCD$ 变成平行四边形 $A'B'C'D'$。AD 或 BC 都发生了角变位 $\mathrm{d}\theta$，其角变形速率为 $\dfrac{\mathrm{d}\theta}{\mathrm{d}t}$。因为 dt 为微分时段，$\mathrm{d}\theta$ 也为微量，可认为

$$\mathrm{d}\theta \approx \mathrm{tg}(\mathrm{d}\theta) = \frac{\mathrm{d}u\mathrm{d}t}{\mathrm{d}y}$$

故

$$\frac{\mathrm{d}\theta}{\mathrm{d}t} = \frac{\mathrm{d}u}{\mathrm{d}y}$$

因此，式（0 - 7）又可写成

$$\tau = \mu \frac{\mathrm{d}u}{\mathrm{d}y} = \mu \frac{\mathrm{d}\theta}{\mathrm{d}t} \qquad (0-8)$$

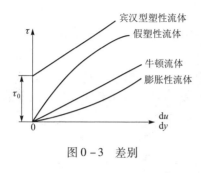

图 0 – 3　差别

表明黏性也是液体抵抗角变形速率的能力。

牛顿内摩擦定律只适用于一般流体，对于某些特殊流体是不适用的。一般把符合牛顿内摩擦定律的流体称为牛顿流体，如水、空气、汽油、煤油、甲苯、乙醇……不符合的叫做非牛顿流体，如接近凝固的石油、聚合物溶液、含有微粒杂质或纤维的液体（如泥浆）……它们的差别可用图 1 – 3 表示。本教材仅讨论牛顿流体。

μ 的单位为牛顿·秒/米^2（N·s/m^2）或帕斯卡·秒（Pa·s），或称为"泊司"，其单位换算关系为

$$1 \text{ 泊司} = 0.1 \text{ 牛顿·秒/米}^2$$

动力黏度的量纲：　　　　　　　　$[\mu] = [ML^{-1}T^{-1}]$

液体的黏性还可以用 $\nu = \dfrac{\mu}{\rho}$ 来表示，ν 称为运动黏性系数或运动黏度（Kinematic Viscosity），其单位是米^2/秒（m^2/s）。

运动黏度的量纲：　　　　　　　　$[v] = [L^2T^{-1}]$

水的运动黏性系数 ν 可用下列经验公式计算：

$$\nu = \frac{0.017\,75}{1 + 0.033\,7t + 0.000\,221t^2} \qquad (0-9)$$

其中 t 为水温，以℃计，ν 以 cm^2/s 计。为了使用方便，表 0 – 3 中列出了不同温度时水的 ν 值。

表 0 – 3　不同水温时的 ν 值

t/℃	0	2	4	6	8	10	12
v/（cm^2·s^{-1}）	0.017 75	0.016 74	0.015 68	0.014 73	0.013 87	0.013 10	0.012 39
t/℃	14	16	18	20	22	24	26
v/（cm^2·s^{-1}）	0.011 76	0.011 8	0.010 62	0.010 10	0.009 89	0.009 19	0.008 77
t/℃	28	30	35	40	45	50	60
v/（cm^2·s^{-1}）	0.008 39	0.008 03	0.007 25	0.006 59	0.006 03	0.005 56	0.004 78

任何实际液体都具有黏性，因此液体在流动过程中，就必须克服黏性阻力做功损失能量。所以黏性在水动力学研究中具有十分重要的意义。

在水力计算中，有时为了简化分析，对液体的黏性暂不考虑，而引出没有黏性的理想液体模型。在理想液体模型中，黏性系数 $\mu = 0$。由理想液体模型分析所得的结论必须对没有考虑黏性而引起的偏差进行修正。

4. 压缩性和膨胀性

压强增高时，分子间的距离减小，液体宏观体积减小，这种性质称为压缩性，也称弹性。温度升高，液体宏观体积增大，这种性质称为膨胀性。

液体的压缩性大小可用体积压缩系数 β 或体积弹性系数 K 来量度。设压缩前的体积为 V，压强增加 Δp 后，体积减小 ΔV，体应变为 $\dfrac{\Delta V}{V}$，则体积压缩系数为

$$\beta = -\frac{\dfrac{\Delta V}{V}}{\Delta p} \qquad (0-10)$$

当 Δp 为正时，ΔV 必为负值，故上式右端加一负号，保持 β 为正数。β 的单位为米²/牛顿（m²/N），量纲为 $[\beta]=[M^{-1}LT^2]$。

体积弹性系数 K 是体积压缩系数 β 的倒数，即

$$K = \frac{1}{\beta} = -\frac{\Delta p}{\dfrac{\Delta V}{V}} \qquad (0-11)$$

其单位为牛顿/米²（N/m²），量纲为 $[K]=[ML^{-1}T^2]$。

液体种类不同，其 β 或 K 值不同。同一液体，β 或 K 随温度和压强而变化，但变化不大。因此，液体并不完全符合弹性体的虎克定律。

在一般工程设计中，水的体积弹性系数 K 可近似地取为 2×10^9 Pa。此值说明，若 Δp 为一个大气压，$\dfrac{\Delta V}{V}$ 约为 2 万分之一。因此，在 Δp 不大的条件下，水的压缩性可以忽略，相应地，水的密度和重度可视为常数。但在讨论管道水击问题时，则要考虑水的压缩性。

至于气体，它的压缩性和膨胀性要比液体大。但是在一定条件下，如在距离不太长的输气系统中，若各点气体流速远小于音速，则气体压缩性对气流流动的影响也可以忽略，也就是说，这时的气体也可视为不可压缩的。

总之，在可以忽略液体或气体压缩性时，引出"不可压缩液（流）体模型"，可使分析简化。

水力学中一般不考虑水的膨胀性。

5. 表面张力

表面张力（Surface Tension）是指液体表面在分子作用半径内的一薄层分子，由于引力大于斥力在液体表层沿表面方向产生的拉力。表面张力的大小可用表面张力系数 σ 来量度。σ 是液体表面单位长度上所受的拉力，单位为牛顿/米（N/m），量纲为 $[\sigma]=[MT^{-2}]$。

σ 值随液体种类和温度而变化，对 20 ℃ 的水，$\sigma=0.074$ N/m，对水银 σ 为 0.54 N/m。

液体的表面张力很小，在水力学计算中一般不考虑它的影响。但在某些情况下，它的影响也是不可忽略的，如微小液滴（如雨滴）的运动，水深很小的明渠水流和堰流等。

在水力学实验中，经常使用盛水或盛水银的细玻璃管做测压管，由于表层液体分子与固壁分子的相互作用会发生毛细现象（Capillarity），如图 0-4 所示。

对于 20 ℃ 的水，玻璃管中的水面高出容器水面的高度 h 约为

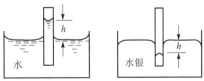

图 0-4　毛细现象实验

$$h = \frac{29.8}{d} \text{（mm）} \qquad (0-12)$$

对于水银，玻璃管中汞面低于容器汞面的高度 h 约为

$$h = \frac{10.5}{d} \, (\text{mm}) \qquad\qquad (0-13)$$

上面二式中的 d 为玻璃管的内径，以毫米计。由于毛细管现象的影响，使测压管读数产生误差。h 称为毛细影响高度。因此，通常测压管的直径不小于 1 cm。

三、作用在液体上的力

液体的机械运动是由外力作用引起的，外力是液体机械运动的外因，液体的物理力学特性是其内因。作用在液体上的力，按其物理性质可分为重力、摩擦力、惯性力、弹性力、表面张力等。但在水力学中分析液体运动时，主要是从液体中分出一封闭表面所包围的液体作为隔离体。从这一角度出发，可将作用在液体上的力分为表面力和质量力两大类。

1. 表面力

作用在液体表面上的力称为表面力（Surface Force），是相邻液体或与其他物体壁面相互作用的结果。根据连续介质的概念，表面力连续分布在隔离体表面上，因此，在分析时常采用应力的概念。与作用面正交的应力称为压应力或压强；与作用面平行的应力称为切应力。

其中压强 p 垂直于作用面，即

$$p = \lim_{\Delta A \to 0} \frac{\Delta P}{\Delta A} \qquad\qquad (0-14)$$

切应力平行平作用面，有

$$\tau = \lim_{\Delta A \to 0} \frac{\Delta T}{\Delta A} \qquad\qquad (0-15)$$

顺便指出，在静止液体中，液体间没有相对运动，即 $\frac{du}{dy} = 0$，或者在理想液体中，$\mu = 0$，则 $\tau = 0$，则作用在 ΔA 上的力就只有法向力 ΔP。

在国际单位制中，ΔP 及 ΔT 的单位是牛顿（N），简称牛。p 及 τ 的单位是牛/米^2（N/m^2），或称为帕斯卡（Pa），简称帕。其量纲为：$[p] = [\tau] = [ML^{-1}T^{-2}]$。

2. 质量力

质量力（Mass Force）是指作用在隔离体内每个液体质点上的力，其大小与液体的质量成正比。最常见的是重力。此外，对于非惯性坐标系，质量力还包括惯性力。

质量力常用单位质量力来量度。若隔离体中的液体是均质的，其质量为 M，总质量力为 F，则单位质量力 f 为

$$f = \frac{F}{M} \qquad\qquad (0-16)$$

总质量力在坐标上的投影分别为 F_x、F_y、F_z，则单位质量力在相应坐标的投影为 X、Y、Z，即

$$X = \frac{F_x}{M}$$

$$Y = \frac{F_y}{M} \qquad\qquad (0-17)$$

$$Z = \frac{F_z}{M}$$

即
$$\vec{f} = X\vec{i} + Y\vec{j} + Z\vec{k} \qquad (0-18)$$

单位质量力具有加速度的单位为 m/s²；单位质量力的量纲为 $[f] = [LT^{-2}]$。

四、水力学的研究方法

在历史的发展过程中，水力学研究液体运动不仅使用过实验方法，也使用理论分析方法。在研究实际液体运动中，总是通过实验认识液流的特点，在此基础上运用思维能力进行理论分析，再回到实验中去检验修正，如此反复，使人们的认识逐渐深化。

1. 理论分析和数值模拟法

水力学对液体运动进行理论分析，首先要研究作用在液体上的力，引用连续介质模型和有关概念，运用经典力学的基本原理，如牛顿力学三大定律、动能定理、动量定理、质量守恒定律等来建立液流运动的基本方程（见后续的学习情境）。

如果引用的隔离体为微元体，基本方程为微分方程的形式（如后续的子学习情境中所讨论的欧拉微分方程等），再根据定解条件进行求解，称为理论分析方法。但由于方程的非线性和定解条件的复杂性，对于某些复杂的运动形态，采用理论分析至今仍有困难。随着计算机技术的发展，对基本方程进行的数值解已发展成一种数值模拟方法。

2. 科学实验法

科学实验的目的：① 在理论分析之前，通过对液体运动形态的观察，抽象出液体运动的主要影响因素，提出液体运动的简化计算模型；得到初步理论分析结果后，再通过实验来检验成果的正确性。② 当理论分析还不能完全解决问题时，在实验结果的基础上提出一些经验性的规律，以满足实际应用的需要。

针对实验目的①的实验，称为系统实验。在实验室内造成某种液流运动，进行系统的实验观测，从中找出规律。

针对实验目的②的实验，又可分为原型观测和模型实验两类。

复习思考题

1. 什么是连续介质？为什么要做这样的假设？

2. 液体的密度与重度之间是怎样的关系？

3. 什么是液体的黏滞性？什么是理想液体和实际液体？

4. 牛顿液体是什么样的液体？非牛顿液体呢？

5. 水的重度 $\gamma = 9.71 \text{ kN/m}^3$，黏滞系数 $\mu = 0.599 \times 10^{-3} \text{ N} \cdot \text{s/m}^2$，求其运动粘滞系数 ν。空气的重度 $\gamma = 11.5 \text{ N/m}^3$，$\nu = 0.157 \text{ cm}^3/\text{s}$，求其粘滞系数。

项目一

水　力　学

学习情境一　水　静　力　学

学习目标：全面掌握静水力学的主要任务，正确理解静水压强及其特性

掌握静水压强的分布规律

掌握水静力学基本方程的两种表达形式及点压强的测量方法

能够应用两种方法计算静水总压力

能力目标：掌握静水压强的计算及应用

掌握静水总压力的工程应用

水静力学（Hydrostatics）是研究液体处于静止状态时的力学规律及其在实际工程中的应用。这里所谓的"静止状态"是指液体质点之间不存在相对运动，而处于相对静止或相对平衡状态的液体，作用在每个液体质点上的全部外力之和等于零。

水静力学的主要任务是根据力的平衡条件导出静止液体中的压强分布规律，并根据其分布规律，进而确定各种情况下的静水总压力。因此，水静力学是解决工程中水力荷载问题的基础，同时也是学习水动力学的基础。

子学习情境一　静水压强及其特性

一、静水压强的定义

在静止的液体中，围绕某点取一微小作用面，设其面积为 ΔA，作用在该面积上的压力为 ΔP，则当 ΔA 无限缩小到一点时，平均压强 $\Delta P/\Delta A$ 便趋近于某一极限值，此极限值定义为该点的静水压强，通常用符号 p 表示，即

$$p = \lim_{\Delta A \to 0} \frac{\Delta P}{\Delta A} = \frac{\mathrm{d}P}{\mathrm{d}A} \tag{1-1}$$

静水压强的单位为 N/m^2（Pa，帕）。

二、静水压强的特性

静水压强具有两个重要的特性。

（1）静水压强方向与作用面的内法线方向重合（即静水压强的垂直性）。

在静止的液体中取出一团液体，用任意平面将其切割成两部分，则切割面上的作用力就

是液体之间的相互作用力。现取下半部分为隔离体研究，如图 1-1 所示，而且静止的液体不能承受剪切力也不可能承受拉力，否则将破坏平衡，与静止液体的前提不符。所以，静水压强唯一可能的方向就是和作用面的内法线方向一致。

（2）静水压强的大小与其作用面的方位无关，亦即任何一点处各方向上的静水压强大小相等（即静水压强的等值性）。

在静止的液体中点 $M(x,y,z)$ 附近，取一微分四面体如图 1-2 所示，分析可得如上结论。

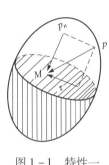

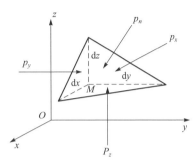

图 1-1　特性一　　　　　　　　　　　　图 1-2　特性二

子学习情境二　液体平衡微分方程

一、液体平衡的微分方程

在静止液体中任取一边长为 dx、dy、dz 的微小正六面体，如图 1-3 所示。

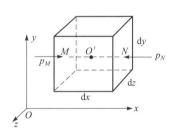

设其中心点 $O'(x,y,z)$ 的密度为 ρ，液体静水压强为 p，单位质量力为 X、Y、Z。以 x 方向为例，过点 O' 作平行于 x 轴的直线与六面体左右两端面分别交于点 $M\left(x-\dfrac{1}{2}dx,y,z\right)$ 和 $N\left(x+\dfrac{1}{2}dx,y,z\right)$。因静水压强是空间

图 1-3　液体平衡试验

坐标的连续函数，又因 dx 为微量，故点 M 和 N 的静水压强可按泰勒级数展开并略去二阶以上微量后，分别为

$$p_M = p - \frac{1}{2}\frac{\partial p}{\partial x}dx$$

$$p_N = p + \frac{1}{2}\frac{\partial p}{\partial x}dx$$

由于六面体各面的面积微小，可以认为平面中点的静水压强即为该面的平均静水压强，于是可得作用在六面体左右两端面上的表面力为

$$p_M = \left(p - \frac{1}{2}\frac{\partial p}{\partial x}dx\right)dydz$$

$$p_N = \left(p + \frac{1}{2}\frac{\partial p}{\partial x}dx\right)dydz$$

此外，作用在六面体上的质量力在 x 方向的分量为 $X \cdot \rho \mathrm{d}x\mathrm{d}y\mathrm{d}z$。

由静力平衡方程知，在 x 方向上有

$$\left(p - \frac{1}{2}\frac{\partial p}{\partial x}\mathrm{d}x\right)\mathrm{d}y\mathrm{d}z - \left(p + \frac{1}{2}\frac{\partial p}{\partial x}\mathrm{d}x\right)\mathrm{d}y\mathrm{d}z + X\rho \mathrm{d}x\mathrm{d}y\mathrm{d}z = 0$$

化简上式并整理，同理，考虑 y，z 方向可得

$$X - \frac{1}{\rho}\frac{\partial p}{\partial x} = 0$$

$$Y - \frac{1}{\rho}\frac{\partial p}{\partial y} = 0$$

$$Z - \frac{1}{\rho}\frac{\partial p}{\partial z} = 0 \qquad\qquad (1-2)$$

上式为液体平衡微分方程，是由瑞士学者欧拉（Euler）于 1775 年首先导出的，故又称欧拉平衡方程。它表明处于平衡状态的液体中压强的变化率和单位质量力之间的关系。

二、等压面

在相连通的液体中，由压强相等的各点所构成的面叫做等压面（Isobaric Surface）。其方程为

$$X\mathrm{d}x + Y\mathrm{d}y + Z\mathrm{d}z = 0 \qquad\qquad (1-3)$$

这就是等压面的微分方程式。如单位质量力在各轴向的分量 X、Y、Z 为已知，则可代入上式，通过积分求得表征等压面形状的方程式。

等压面的重要特性是：在相对平衡的液体中，等压面与质量力正交。

常见的等压面有液体的自由表面（因其上作用的压强一般是相等的大气压强），平衡液体中不相混合的两种液体的交界面等。等压面是计算静水压强时常用的一个概念。

子学习情境三　重力作用下静水压强分布规律

工程实际中经常遇到的液体平衡问题是液体相对于地球没有运动的静止状态，此时液体所受的质量力仅限于重力。下面针对静止液体中点压强的分布规律进行分析讨论。

一、重力作用下静水压强的基本公式

液体同其他静止物体一样，具有一定势能。其势能可以分为位置势能和压力势能。如图 1-4 所示，假定 M 点存在一单位重量的液体，其位置势能为 Z，其压力势能为 $\frac{p}{\gamma}$，那么其总势能为

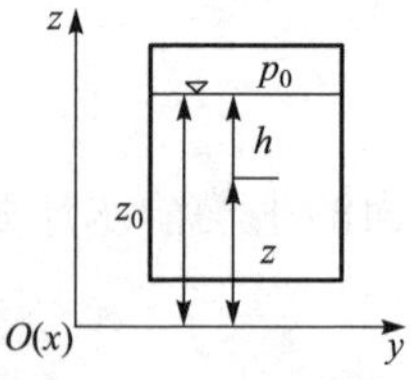

图 1-4　静水压强

$$z + \frac{p}{\gamma} = C \qquad\qquad (1-4)$$

式中，C 为积分常数。式（1-4）表明，在重力作用下，不可压缩的静止液体中各点的 $\left(z + \frac{p}{\gamma}\right)$ 值相等。式中，z 代表某点到基准面的位置高度，称为位置水头；$\frac{p}{\gamma}$ 代表该点到自由液面间单位面积的液柱重

量，称为压强水头；$z + \dfrac{p}{\gamma}$ 称为测压管水头。对其中的任意两点 1 及 2，上式可写成

$$z_1 + \frac{p_1}{\gamma} = z_2 + \frac{p_2}{\gamma} \tag{1-5}$$

这就是重力作用下静止液体应满足的基本方程式，即水静力学的基本方程式。其中各项具有长度单位，在几何上各项均为一段铅垂高度。在水力学中此高度习惯称为"水头"，即为单位重量的水体所具有的能量。在自由表面上，$z = z_0$，$p = p_0$，则 $C = z_0 + \dfrac{p_0}{\gamma}$。代入式（1-4）即可得出重力作用下静止液体中任意点的静水压强计算公式为

$$p = p_0 + \gamma(z_0 - z)$$

或 $$p = p_0 + \gamma h \tag{1-6}$$

式中，$h = z_0 - z$ 表示该点在自由液面以下的淹没深度。式（1-6）即计算静水压强的基本公式。它表明，静止液体内任意点的静水压强由两部分组成：一部分是表面压强 p_0，它遵从帕斯卡定律等值地传递到液体内部各点；另一部分是液重压强 γh，也就是从该点到液体自由表面的单位面积上的液柱重量。

由式（1-6）还可以看出，淹没深度相等的各点静水压强相等，故水平面即为等压面，它与质量力（即重力）的方向相垂直。如图 1-5（a）所示为连通容器中过 1、2、3、4 各点的水平面即等压面。但必须注意，这一结论仅适用于质量力只有重力的同一种连续介质。对于不连续的液体，如液体被阀门隔开，如图 1-5（b）所示，或者一个水平面穿过两种及两种以上不同介质，如图 1-5（c）所示，则位于同一水平面上的各点压强并不一定相等，水平面不一定是等压面。

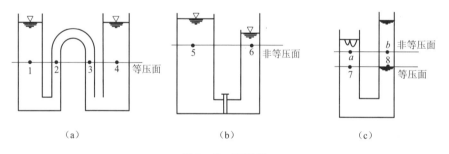

图 1-5 连通器

（a）连通容器水平面（等压面）；（b）连通容器被隔断；（c）盛有不同种类液体的连通容器

二、压强的分类及量度基准

量度压强的大小，首先要明确计算的基准，其次要了解计量的单位。

1. 量度压强的基准

压强可从不同的基准量度，因而有不同的表示方法。

（1）绝对压强：以设想的没有气体存在的完全真空作为零点量度的压强称为绝对压强，用符号 p' 表示。

（2）相对压强：以当地大气压强作为零量度起的压强称为相对压强，用符号 p 表示，其数值可正可负。相对压强与绝对压强之间的关系为

$$p = p' - p_0 \tag{1-7}$$

式中，p_0 为当地大气压强。

如自由液面上的压强为当地大气压强，则式（1-7）变为

$$p = \gamma h \tag{1-8}$$

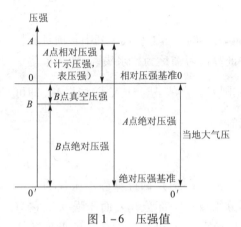

图 1-6　压强值

（3）真空及真空压强：绝对压强值总是正的，而相对压强值则可正可负。当液体某处绝对压强小于当地大气压强时，该处相对压强为负值，称为负压，或者说该处存在着真空。真空压强 p_v 用绝对压强比当地大气压强小多少来表示，即

$$p_v = p_0 - p' = |p| \tag{1-9}$$

由式（1-9）可知：在理论上，当绝对压强为零时，真空压强达到最大值 $p_v = p_a$，即"完全真空"状态。但实际液体中一般无法达到这种"完全真空"状态。图 1-6 为用几种不同方法表示压强值的关系图，其绝对压强与相对压强之间相差一个大气压强。

2. 压强的计量单位

水力学中，压强的单位除了常用的应力单位外，还有另外两种表示方式：液柱高度和工程大气压。

（1）应力单位：由压强定义，以单位面积上的作用力来表示，如 Pa（N/m²），kPa（kN/m²）。

（2）工程大气压：1 工程大气压 = 98 kPa。

（3）液柱高度：1 工程大气压 = 98 kPa = 10 m（水柱）= 735.6 mm（水银柱）

三、水头和单位势能

水静力学的基本方程为 $z + \dfrac{p}{\gamma} = C$，见式（1-4）。若在一盛有液体的容器的侧壁打一个小孔，接上开口玻璃管与大气相通，就形成一根测压管。如容器中的液体仅受重力的作用，液面上为大气压，则无论连在哪一点上，测压管内的液面都是与容器内的液面齐平的，如图 1-7 所示。测压管液面到基准面的高度由 z 和 $\dfrac{p}{\gamma}$ 两部分组成，z 表示该点到基准面的位置高度，$\dfrac{p}{\gamma}$ 表示该点压强的液柱高度。在水力学中常用"水头"代表高度，所以 z 又称位置水头，$\dfrac{p}{\gamma}$ 又称压强水头，$\left(z + \dfrac{p}{\gamma}\right)$ 则称为测压管水头。故式（1-4）表明：重力作用下的静止液体内，各点测压管水头相等。

位置水头、压强水头和测压管水头的物理意义如下：

位置水头 z 表示的是单位重量液体从某一基准面算起所具有的位置势能（简称位能）。众所周知，把重量为 G 的物体从基准面移到高度 z 后，该物体所具有的位能是 Gz，对于单位重量物体来说，位能就是 $G_z/G = z$。它具有长度的量纲。基准面不同，z 值不同。

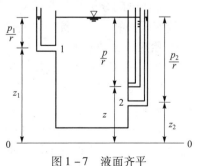

图 1-7　液面齐平

压强水头 $\dfrac{p}{\gamma}$ 表示的是单位重量液体从压强为大气压算起所具有的压强势能（简称压能）。压能是一种潜在的势能。如果液体中某点的压强为 p，在该处安置测压管后，在压力的作用下，液面会上升的高度为 $\dfrac{p}{\gamma}$，也就是把压强势能转变为位置势能。对于重量为 G，压强为 p 的液体，在测压管中上升 $\dfrac{p}{\gamma}$ 高度后，位置势能的增量 $G\dfrac{p}{\gamma}$ 就是原来液体具有的压强势能。所以对原来单位重量液体来说，压能即 $G\dfrac{p}{\gamma}/G = \dfrac{p}{\gamma}$。

静止液体中的机械能只有位能和压能，合称为势能。$\left(z + \dfrac{p}{\gamma}\right)$ 表示的就是单位重量流体所具有的势能。因此，水静力学基本方程表明：静止液体内各点单位重量液体所具有的势能相等。

四、压强的量度

在工程实际中，往往需要量度和计算液流中的点压强或两点的压强差（压差）。量度压强的仪器很多，大致可分为液柱式测压计、金属测压计（如压力表、真空表等均系利用金属受压变形的大小来量度压强的）及非电量电测仪表（利用传感器将压强转变为各种电学量如电压、电流、电容、电感等，用电学仪表直接量出这些量，然后经过相应的换算以求出压强的一种仪器）等。这里只介绍一些利用水静力学原理而制作的液柱式测压计。

1. 测压管

简单的测压管是用一开口玻璃管直接与被测液体连通而成的，如图 1-8（a）、（b）所示。读出测压管液面到测点的高度就是该点的相对压强水头。因此，该点的相对压强为 $p = \gamma h$，其中 γ 为液体重度。

如所测压强较小，为了提高精度，可将测压管倾斜放置，如图 1-8（b）所示。此时，标尺读数 l 比 h 放大了一些，便于测读。但压强应为

$$p = \gamma h = \gamma l \sin \alpha \tag{1-10}$$

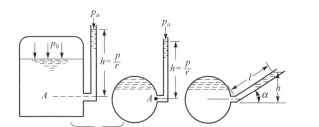

图 1-8　测压管

（a）正放测压管；（b）倾斜测压管

也可在测压管内装入与水不相掺混的轻质液体（如乙醇：比重为 0.79，汽油：比重为 0.74 等），则同样的压强 p 可以有较大的液柱高 h。还可采用上述二者相结合的方法，使量度精度更高。

量度较大的压强，则可采用装入较重的液体（如水银，比重可取为 13.6）的 U 形测压管，如图 1-9 所示。如测得 h 及 h'，则 A 点的压强为

$$p = \gamma_H h' - \gamma h \qquad\qquad (1-11)$$

2. 比压计

比压计（差压计）用以量测液体中两点的压强差或测压管水头差。常用的有空气比压计和水银比压计等。

图 1-10 为一空气比压计，顶端连通，上装开关，可使顶部空气压强 p_0 大于或小于大气压强 p_a。当水管内液体不流动时，比压计两管内的液面齐平。如有流动，比压计两管液面即出现高差，读取这一高差 Δh，并结合其他数据：如 z_A 和 z_B，即可求出 A、B 两点的压差和测管水头差。

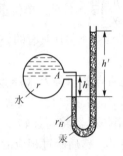

图 1-9　测压管（U 形）

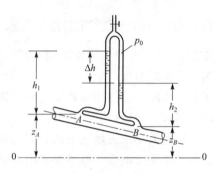

图 1-10　空气比压计

忽略空气柱重量所产生的压强（20 ℃ 标准大气压下空气的重度为 11.82 N/m³，只是水的 $\dfrac{1}{830}$，故一般可不考虑空气柱重量压强），则顶部空气内的压强可看做是一样的，即两管液面上的压强均为 p_0，故有

$$p_A = p_0 + \gamma h_1 , p_B = p_0 + \gamma h_2$$

所以

$$p_A - p_B = \gamma(h_1 - h_2)$$

由图 1-10 可知

$$h_1 = \Delta h + h_2 - (z_A - z_B)$$

从而

$$p_A - p_B = \gamma(\Delta h) - \gamma(z_A - z_B) \qquad\qquad (1-12)$$

由上式即可得出

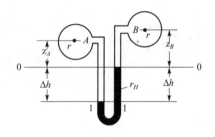

图 1-11　水银比压计

$$\left(z_A + \frac{p_A}{\gamma}\right) - \left(z_{B} + \frac{p_B}{\gamma}\right) = \Delta h$$

故 A、B 两点的测压管水头差就是液面差 Δh（从概念上看：上面 p_A、p_B 都是作为绝对压强计算的，但就压差或测管水头差而论，不管是绝对压强还是相对压强，结果都一样，故出现在测压管水头差中的绝对压强 p_A 和 p_B 无须改换为相对压强）。图 1-11 为量度较大压差用的水银比压计。设 A、B 两处的液体重度为 γ，水银重度为 γ_H。取 0-0 为基准面，测得 z_A、z_B 和 Δh。由等压面 1-1，即可根据点压强计算公式写出如下等式：

左侧

$$p_1 = p_A + \gamma z_A + \gamma(\Delta h)$$

右侧

$$p_1 = p_B + \gamma z_B + \gamma_H(\Delta h)$$

故得
$$p_A - p_B = (\gamma_H - \gamma)\Delta h + \gamma(z_B - z_A) \qquad (1-13)$$

A、B 两点的测管水头差为

$$\left(z_A + \frac{p_A}{\gamma}\right) - \left(z_B + \frac{p_B}{\gamma}\right) = \frac{\gamma_B - \gamma}{\gamma}\Delta h$$

如被测的 A、B 之间压差甚微, 水银比压计读数 Δh 将很小, 测读精度较低, 则可将 U 形比压计倒装, 如图 1-12 所示, 并在其顶部装入重度为 γ' 的轻质液体。仿上分析, 可得

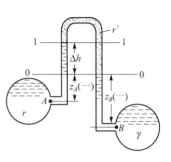

$$p_1 = p_A - (-\gamma z_A) - \gamma \Delta h = p_B - \gamma' \Delta h - (-\gamma z_B)$$

或
$$\left(z_A + \frac{p_A}{\gamma}\right) - \left(z_B + \frac{p_B}{\gamma}\right) = \left(\frac{\gamma - \gamma'}{\gamma}\right)\Delta h$$

必须注意此时的位置高度 z_A、z_B 相对于基准面 0-0 均为负值。

图 1-12 倒装比压计

需要特别指出的是: 公式 (1-12)、公式 (1-13) 与 A、B 容器的形状和相对位置无关, 与基准面的选择无关, 还与 A、B 中是静水还是动水无关。在实际问题中经常要用到, 无需重新推导。

五、静水压强分布图

用线段长度表示受压面上各点压强的大小, 用箭头表示压强的方向及压强的作用点, 绘制的静水压强的分别图形 (闭合图形), 称为静水压强分别图。压强分为绝对压强和相对压强, 因此对于压强分布图来说, 亦有绝对压强分布图和相对压强分布图之分。

关于压强分布图的绘制和应用, 其要点如下:

(1) 压强分布图中各点压强方向始终垂直指向作用面, 两受压面交点处的压强具有各向等值性。

(2) 压强分布图与受压面所构成的体积, 即为作用于受压面上的静水总压力, 其作用线通过此力图体积的重心。

(3) 压强分布图可以叠加, 也可以抵消。

(4) 由于建筑物通常都处于大气中, 作用于建筑物上的有效压强为相对压强, 所以不在特殊指出的情况下, 只需绘制相对压强分布图即可。

(5) 工程应用中可绘制建筑物有关受压部分的压强分布图, 其他无关处不必绘制。

由前面可知, 静水压强与淹没深度成线性关系, 所以作用在平面上的压强分布图必然是按直线分布的, 因此, 只要直线上两个点的压强为已知, 就可确定该压强分布直线。一般绘制的压强分布图都是指这种平面压强分布图。图 1-13 为各种情况的压强分布图。

[例 1-1]   令自由表面处压强 $p_0 = 1$ 工程大气压, 求淡水自由表面以下 2 m 深度处的绝对压强和相对压强, 并用三种压强单位表示。

解: (1) 绝对压强 p'

$$p' = p_0 + rh = 98 + 9.8 \times 2 = 117.6 \text{ kPa} = \frac{117.6}{98} \text{工程大气压} = 1.2 \text{工程大气压}$$

$$\frac{p'}{r} = \frac{117.6}{9.8} = 12 \text{ m (水柱)}$$

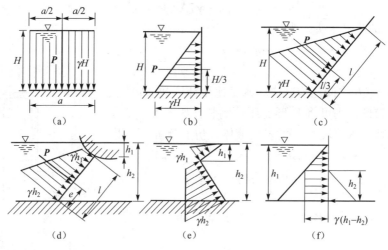

图 1-13　压强分布图

（2）相对压强 p

$$p = rh = 9.8 \times 2 = 19.6 \text{ kPa} = \frac{19.6}{98} \text{工程大气压} = 0.2 \text{工程大气压}$$

$$\frac{p}{r} = \frac{19.6}{9.8} = 2 \text{ m（水柱）}$$

子学习情境四　平面壁上的静水总压力

作用在物体表面上的静水总压力，是许多工程技术上（如分析水闸、水坝及路基等的作用力）必须解决的力学问题。只要掌握了前面所讲的静水压强分布规律就不难确定静水总压力的大小、方向和作用点，以及压强的分布情况。这一节介绍平面上静水总压力的计算。

一、利用压强分布图求矩形平面上的静水总压力

求矩形平面上的静水总压力（即图解法）实际上就是平行力系求合力的问题。通过绘制压强分布图求一边与水面平行的矩形平面上的静水总压力最为方便。

图 1-14 表示一任意倾斜放置但一边与水面平行的矩形平面 ABB_1A_1 的一面受水压力作用。可先画出该平面上的压强分布图，然后根据压强分布图确定总压力的大小、方向和作用点。当作出作用于矩形平面上的压强分布图 $ABEF$ 后，便不难看出：作用于整个平面上的静水总压力 P 的大小应等于该压强分布图的面积 Ω 与矩形平面的宽度 b 的乘积，即

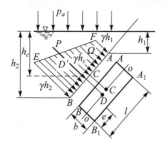

$$P = \Omega \cdot b = \frac{1}{2}(\gamma h_1 + \gamma h_2) l \cdot b \qquad (1-14)$$

式中，l 为矩形平面的长度。

$h_c = (h_1 + h_2)/2$，为矩形平面的形心在水下的深度；A 为受水压力作用的平面面积。总压力的作用方向垂直指向作用

图 1-14　平面受水平压力作用　面，总压力的作用点应在作用面的纵向对称轴 $O-O$ 上的 D

点，该点称为压力中心（Pressure Center）。当压强分布图为矩形时，总压力作用点必在中点 $l/2$ 处；当压强分布图为三角形时，压力中心点必在距底 $e = l/3$ 高度处；而当压强分布图为梯形，总压力中心点在距底 $e = \dfrac{1}{3} \cdot \dfrac{2h_1 + h_2}{h_1 + h_2}$ 处。

二、利用解析法求任意平面上的静水总压力

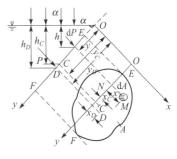

对任意形状的平面，需要用解析法来确定静水总压力的大小和作用点。如图 1–15 所示，EF 为一任意形状的平面，倾斜放置于水中任意位置，与水面相交成 α 角。设想该平面的一面受水压力作用，其面积为 A，形心位于 C 处，形心处水深为 h_C，自由表面上的压强为当地大气压强。作用于这一平面上的相对静水总压力的大小及作用点的位置 D 可按以下的方法来确定。

图 1–15　解析法求静水总压力

取平面的延展面与水面的交线为 Ox 轴，以通过平面 EF 中任意选定点 N 并垂直于 Ox 轴的直线为 Oy 轴。在平面中的 M 处取一微小面积 dA，其上的压力为 $dP = \gamma h dA$，由于每一微小面积上作用的静水压力方向相同，因此，作用于整个 EF 平面上的静水总压力为

$$P = \int_A \gamma h dA = \int_A \gamma y \sin \alpha dA = \gamma \sin \alpha \int_A y dA$$

上式中，$\int_A h dA$ 代表平面 EF 对 Ox 轴的静面矩，它等于平面面积 A 与其形心坐标 y_C 的乘积，即 $\int_A \gamma h dA = y_C A$。如以 p_C 代表形心 C 处的静水压强，则有

$$P = \gamma \sin \alpha y_C A = \gamma h_C A = p_C A \qquad (1–15)$$

上式表明，任意平面上的静水总压力的大小等于该平面的面积与其形心处静水压强的乘积。因此，形心处的静水压强相当于该平面的平均压强。

下面分析静水总压力的作用点——压力中心的位置：y_D 和 x_D。这一位置可通过合力对任意轴的力矩等于各分力对该轴的力矩和来确定。对 Ox 轴取力矩得

$$Py_D = \int_A \gamma h y dA = \gamma \sin \alpha \int_A y^2 dA$$

式中，$\int_A y^2 dA$ 为平面 EF 对 Ox 轴的惯性矩，以 I_x 表示。故得

$$Py_D = \gamma \sin \alpha I_x$$

若以 I_{Cx} 表示平面 EF 对通过形心 C 并与 Ox 轴平行的轴的惯性矩，则根据惯性矩的平行移轴定理可得：$I_x = I_{Cx} + y_C^2 A$。因此有

$$Py_D = -\gamma \sin \alpha (I_{Cx} + y_C^2 A)$$

由此可得

$$y_D = \frac{\gamma \sin \alpha (I_{Cx} + y_C^2 A)}{\gamma y_C \sin \alpha A} = y_C + \frac{I_{Cx}}{y_C A} \qquad (1–16)$$

除平面水平放置外，总压力作用点总是在作用面形心点之下。常见平面图形的面积 A、形心距上边界点长 y_C 以及惯性矩 I_{Cx} 的计算式见表 1–1。

表 1-1　常见平面的 A、y_C 及 I_{Cx}

几何图形及名称	面积 A	形心至上边界点长 y_C	相对于图上 Cx 轴的惯性矩 I_{Cx}	相对于图上底边的惯性矩 J_b
矩形	bh	$\frac{1}{2}h$	$\frac{1}{12}bh^3$	$\frac{1}{3}bh^3$
三角形	$\frac{1}{2}bh$	$\frac{2}{3}h$	$\frac{1}{36}bh^3$	$\frac{1}{12}bh^3$
梯形	$\frac{h(a+b)}{2}$	$\frac{h}{3}\left(\frac{a+2b}{a+b}\right)$	$\frac{h^3}{36}\left(\frac{a^2+4ab+b^2}{a+b}\right)$	
圆形	πr^2	r	$\frac{1}{4}\pi r^4$	
半圆形	$\frac{1}{2}\pi r^2$	$\frac{4}{3}\cdot\frac{r}{\pi}$	$\frac{9\pi^2-64}{72\pi}r^4$	$\frac{\pi}{8}r^4$

同样道理，对 Oy 轴取力矩，可求得压力中心的另一个坐标 x_D 为

$$x_D = x_C + \frac{I_{Cxy}}{y_C A} \tag{1-17}$$

式中，I_{Cxy} 为平面 EF 对通过形心 C 并与 Ox、Oy 轴平行的轴的惯性积。因为惯性积 I_{Cxy} 可正可负，x_D 可能大于或小于 x_C。也就是对于任意形状的平面，压力中心 D 可能在形心 C 的这边或那边。

应当指出，以上分析作用于平面上的总压力的大小及压力中心时，讨论的均是液体的表面处于大气之中的情况。若液体表面上的压强不是当地大气压强，则不能照搬以上结果。实际工程中的被作用平面，一般具有纵向对称轴，则压力中心 D 必落在对称轴上，不必计算 x_D。

[例 1 - 2] 设有一铅直放置的水平底边矩形闸门，如图 1 - 16 所示。已知闸门高度 $H = 2$ m，宽度 $b = 3$ m，闸门上缘到自由表面的距离 $h_1 = 1$ m。试用图解法和解析法求解作用于闸门的静水总压力。

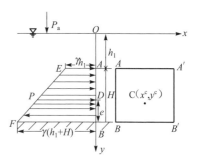

图 1 - 16 水平底边矩形闸门

解：（1）利用压强分布图求解（即图解法）

绘制静水压强分布图 $ABFE$，如图 1 - 16 所示。根据式（1 - 14）可得静水总压力大小为

$$P = \Omega b = \frac{1}{2} \left[\gamma h_1 + \gamma (h_1 + H) \right] Hb$$

$$= \frac{1}{2} \left[9.8 \times 10^3 \times 1 + 9.8 \times 10^3 \times (1 + 2) \right] \times 2 \times 3 = 1.176 \times 10^5 \ (\text{N}) = 117.6 \ (\text{kN})$$

静水总压力 P 的方向垂直于闸门平面，并指向闸门。

压力中心 D 距闸门底部的位置 e 为

$$e = \frac{H}{3} \frac{2h_1 + (h_1 + H)}{h_1 + (h_1 + H)} = \frac{2}{3} \frac{2 \times 1 + (1 + 2)}{1 + (1 + 2)} = 0.83 \ (\text{m})$$

其距自由表面的位置为

$$h_D = h_1 + H - e = 1 + 2 - 0.83 = 2.17 \ (\text{m})$$

（2）用解析法求解

建立直角坐标系如图 1 - 16 所示，沿着受压面垂直于水面并远离水面的方向建立的是 y 轴且为其正方向，平行于水面向右垂直于 y 轴的为 x 轴且为其正方向，二者与水面同时相交的点为原点 o，则形心点 C 的坐标为 C（x_C，y_C），由题意找到 x_C 和 y_C 的具体值即：$x_C = 1.5$（m），$y_C = h_1 + \frac{H}{2} = 1 + \frac{2}{2} = 2$（m）

静水总压力大小为

$$P = \gamma h_C A = \gamma \left(h_1 + \frac{H}{2} \right) (H + b) = 9.8 \times 10^3 \times \left(1 + \frac{2}{2} \right) (2 \times 3) = 1.176 \times 10^5 \ (\text{N}) = 117.6 \ (\text{kN})$$

静水总压力 P 的方向垂直指向闸门平面。由式（1 - 17）得压力中心 D 距自由表面的位置为

$$y_D = y_C + \frac{J_{Cx}}{y_C A} = \left(h_1 + \frac{H}{2} \right) + \frac{\dfrac{bH^3}{12}}{\left(h_1 + \dfrac{H}{2} \right)(H \times b)}$$

$$\left(1 + \frac{2}{2} \right) + \frac{\dfrac{3 \times 2^3}{12}}{\left(1 + \dfrac{2}{2} \right)(2 \times 3)} = 2 + \frac{24}{144} = 2.17 \ (\text{m})$$

复习思考题

1. 静水压强的特性以及其常用的单位有哪几种?

2. 一矩形闸门两边受到水的压力,左边水深 $h_1 = 3.0$ m,右边水深 $h_2 = 2.0$ m,闸门与水平面成 $\alpha = 45°$ 倾斜角,且闸门高为 1 m,假定闸门宽度 $b = 1$ m,试求作用在闸门上的静水总压力及其作用点。

3. 绘出图 1 – 17 中 ABC 平面壁上的静水压强的相对压强分布图。

4. 如图 1 – 18 所示 AB 板,求其上的单宽面积上的静水总压力及其作用点距离水面的高度 h_D,并要求绘制出静水压强分别图。

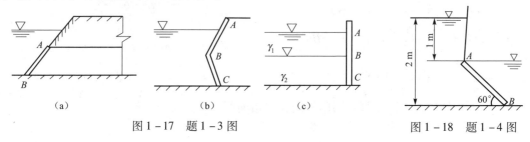

（a）   （b）   （c）

图 1 – 17　题 1 – 3 图　　　　　　　　　　图 1 – 18　题 1 – 4 图

学习情境二　水动力学基础

学习目标： 了解描述液体运动的两种方法，认识迹线和流线的区别

掌握水力三要素及其关系

掌握水动力学的三大方程，并充分了解能量方程的物理意义、几何意义及其水力学意义

能力目标： 能够应用能量方程及连续性方程解题

能够通过上述的方程求解水流的方向、水头损失、流速、流量和作用水头

本学习情境中研究了液体机械运动的基本规律及其在工程中的初步应用。根据物理学和理论力学中的质量守恒原理、牛顿运动定律及动量定理等，建立水动力学的基本方程，分别为连续性方程、能量方程和动量方程，为后续各项目的学习奠定理论基础。

研究液体的运动规律，也就是要确定描述液体运动状态的物理量，如速度、加速度、压强、切应力等运动要素随空间与时间的变化规律以及相互关系。

子学习情境一　概　　述

一、描述液体运动的两种方法

怎样描述液体运动的规律呢，有拉格朗日（J. L. Lagrange）法和欧拉（L. Euler）法两种。

1. 拉格朗日法

拉格朗日法是以液体运动质点为对象，研究这些质点在整个运动过程中的轨迹（称为迹线）以及运动要素随时间的变化规律。每个质点的运动状况的总和就构成了整个液体的运动。所以，这种方法与一般力学中研究质点与质点系运动的方法相同。

由于液体质点的运动轨迹非常复杂，用拉格朗日法分析流动，在数学上会遇到很多困难，同时在实用上一般也不需要知道给定质点的运动规律，所以除少数情况外（如研究波浪运动），水力学通常不采用这种方法，而采用较简便的欧拉法。

2. 欧拉法

欧拉法是把液体当作连续介质，以充满运动质点的空间——流场（Flow Field）为对象，研究各时刻流场中不同质点运动要素的分布与变化规律，即以不同液体质点通过固定空间位置或空间点时的运动情况来了解整个水流空间内的流动情况，而非直接追踪给定质点在某时刻的位置及其运动状况。该方法也称为流场法。

由于欧拉法适用于研究宏观水体的运动情况，因此学习该方法具有重要的意义。

总的来说，拉格朗日法是研究单个液体质点在不同时刻的运动情况，而欧拉法则是研究同一时刻若干个质点在不同空间位置的运动情况。前者以迹线描述，后者以流线描述。

具体来说，迹线是单个液体质点在某一时段内的运动轨迹线；而流线则是某一瞬时的空间流场中，表示该瞬时各个质点流动方向的曲线，流线上各点在该瞬时的流速矢量都和流线相切。流线是假想的线，而迹线则是实际存在的线。

二、液体运动的基本概念

1. 流量

指单位时间内通过过水断面的液体的体积称为流量，以 Q 表示。流量的单位是米³/秒（m^3/s）或升/秒（l/s）等。

$$Q = v \cdot A \tag{1-18}$$

2. 断面平均流速

某一时刻通过某一断面的液体质点的平均速度，称为断面平均流速，单位为 m/s。其表达式为

$$v = \frac{Q}{A} \tag{1-19}$$

注意：一般断面流速分布不易确定，因此确定断面平均流速 v 即可。

3. 水力三要素

在水力学中，水力三要素的比较应用广泛，它们分别为：过水断面面积 A、湿周 χ 和水力半径 R。

1）过水断面

指与微小流束或总流的流线正交的横断面，称为过水断面。其中，微小流束是指横截面无限小的横断面，而总流则是指无数微小流束的总和或几何汇总。过水断面面积以 dA 或 A 表示，国际单位为 m^2。

2）湿周

在水流过水断面上水（或液体）与固体边界相接触的周界线的长度，称为湿周，用 χ 表示，国际单位为 m。

3）水力半径

过水断面面积与湿周之比称为水力半径，用 R 表示，国际单位为 m，即

$$R = \frac{A}{\chi} \tag{1-20}$$

对一个断面来说，过水断面面积越大，其过水能力越强，反之亦然。可是相同过水面积，若形状不同（规则的如圆形、梯形、正方形和长方形等），其过水能力也不一样，这是因为它们随断面形状不同而有不同长度的湿周，而长的湿周必然产生较大的粘滞阻力，因此相应的过水能力也就变小了，由式（1-20）知，水力半径是更为鲜明地反映过水能力强弱的一个特征量，水力半径越大，则过水能力越大，反之，则越小。

三、运动液流的分类

运动液流可分为以下三类。

1. 恒定流与非恒定流

若流场中所有空间点上的一切运动要素都不随时间改变，则这种流动称为恒定流。否则，就称做非恒定流。其中，各运动要素包括流速、流向、动水压强、加速度和泥沙等。通常在实际工程中，平水期和枯水期，河道中的水位、流速和流量等随着时间变化缓慢，可以近似认为是恒定流。当洪水期到来时，由于上游洪峰的影响，使河道中的水位、流速和流量等随着时间有显著的变化，则属于非恒定流。

2. 均匀流与非均匀流

根据流线形状的不同可将液体流动分为均匀流与非均匀流两种。若各个流线是彼此平行

的直线，则这种流动就称为均匀流；否则，称为非均匀流。也可以理解为各个水流的运动要素不随空间位置的变化而变化的水流是均匀流，反之，为非均匀流。在非均匀流中又可以分为渐变流（也称缓变流）和急变流。

3. 有压流和无压流

水流运动按受力来源的不同可以分为两类：一是受外界压力作用而流动的液流，称为压力流，也就是有压流；二是在自身的重力作用下流动的液流，称为无压力流，也称为自由流。其实有压流经常发生在充满液体的封闭管道里，例如自来水管、水电站的压力管中等，而无压流则是具有自由液面的液流，它在自由表面处受到大气压力的作用，其实所谓的无压流也并非绝对的不受压力的作用，例如渠道、河流以及未充满管道排水管中的水流，都称为无压流。

子学习情境二　恒定流的连续性方程

液体的连续性方程是水力学的一个基本方程，它是质量守恒原理在水力学中的应用。即在连续的不可压缩的液体恒定流中，任意两个过水断面所通过的流量相等。

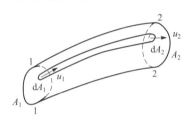

从液流中任取一段如图 1-19 所示，其进口过水断面 1-1 的面积为 A_1，出口过水断面 2-2 的面积为 A_2。再从中任取一元流，其进口过水断面为 dA_1，流速为 u_1，出口过水断面积为 dA_2，流速为 u_2。

由于：在恒定流条件下，元流的形状与位置不随时间改变；另外不可能有液体经元流侧面流进或流出；最后已经假定液体是连续介质，元流内部不存在空隙。所

图 1-19　液流

以由质量守恒原理可知，单位时间内流进 dA_1 的质量等于流出 dA_2 的质量，因元流过水断面很小，可认为密度和速度是均布的，即

$$\rho_1 u_1 dA_1 = \rho_2 u_2 dA_2 = 常数 \tag{1-21}$$

对于不可压缩的液体，密度 $\rho_1 = \rho_2 =$ 常数，则有

$$u_1 dA_1 = u_2 dA_2 = dQ \tag{1-22}$$

这就是元流的连续性方程。它表明：不可压缩元流的流速与其过水断面面积成反比，因而流线密集的地方流速大，而流线稀疏的地方流速小。

总流是无数个元流之和，将元流的连续性方程在总流过水断面上积分可得总流的连续性方程，即

$$\int dQ = \int_{A_1} u_1 dA_1 = \int_{A_2} u_2 dA_2$$

由断面的平均流速 v_1 和 v_2，则有

$$v_1 A_1 = v_2 A_2 = Q \tag{1-23}$$

这就是不可压缩恒定流的连续性方程，它在形式上与元流的连续性方程相似，应注意的是：总流是以断面平均流速 v 代替点流速 u。上式表明，不可压缩液体的恒定总流中，任意两过水断面，其平均流速与过水断面面积成反比。

应该指出的是：

（1）连续性方程是不涉及任何作用力的方程，所以，它无论对于理想液体或实际液体都适用。

（2）连续性方程不仅适用于恒定流条件下，而且在边界固定的管流中，即使是非恒定流，对于同一时刻的两过水断面仍然适用。当然，非恒定管流中流速与流量都要随时间改变。

上述水流的连续性方程是在流量沿程不变的条件下导出的。若沿程有流量汇入或分出，则总流的连续性方程在形式上需作相应的修正。如图 1-20 所示的情况，有

$$Q_1 = Q_2 + Q_3 \tag{1-24}$$

[**例 1-3**] 直径 d 为 200 mm 的输水管道中有一变截面管段，如图 1-21 所示，若测得管内流量 Q 为 $10l/s$，变截面弯管段最小截面处的断面平均流速 $v_0 = 5.075$ m/s，求输水管断面的平均流速 v 及最小截面处的直径 d_0。

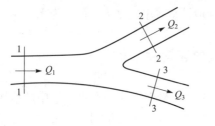

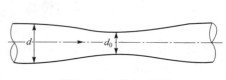

图 1-20 式（1-24）图   图 1-21 例 1-3 图

解： 由于 $Q = vA$，则有

$$v = \frac{Q}{\frac{1}{4}\pi d^2} = \frac{10 \times 10^{-3}}{\frac{1}{4} \times 3.14 \times 0.2^2} = 0.32 (\text{m/s})$$

根据式（1-23）可得

$$d_0^2 = \frac{v}{v_0}d^2 = \frac{0.32}{5.075} \times 0.2^2 = 0.002\ 522$$

所以

$$d_0 = 0.050\ 2 (\text{m}) = 50 (\text{mm})$$

子学习情境三 恒定流的能量方程

一、液流的能量转化现象

如图 1-22 所示，当阀门关闭时管内为静水，即水箱和管道系统中的水处于静止状态，管中各点的测压管水面与水箱水面同高，即此时，管中各点具有的位置高度和压强高度之和为一常数，即

$$E = z + \frac{p}{\gamma} = C \tag{1-25}$$

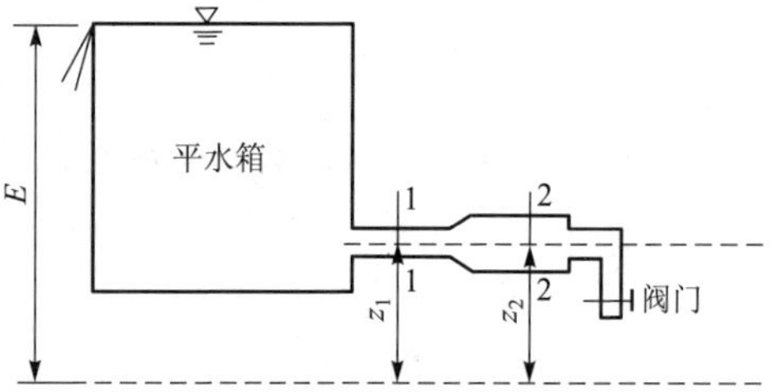

其中的 E 是总的机械能。而当阀门打开时，水从管端流出，管中任意一个测压管中的水面均出现了相应的下降。如果阀门开度一定，并维持水箱水位不变，水流即做恒定流动，此时各测压管水面均在一定的高度上稳定下来，此时管中任意一个截面中的单位重力的液体能量 E 为

图 1-22 液流能量转化

$$E = z + \frac{p}{\gamma} + \frac{\alpha u^2}{2g} \qquad (1-26)$$

但是由于摩阻力等会造成水流动过程中的能量损失 h_w，所以任意两截面之间的能量差即为 h_w，根据能量守恒定律得

$$z_1 + \frac{p_1}{\gamma} + \frac{\alpha_1 u_1^2}{2g} = z_2 + \frac{p_2}{\gamma} + \frac{\alpha_2 u_2^2}{2g} + h_w \qquad (1-27)$$

上式也可以理解为：实际液体具有黏性，在流动过程中需克服内摩擦阻力作功，消耗一部分机械能，使之不可逆地转变为热能等能量形式而耗散掉，因而液流的机械能沿程减小。设 h_w 为恒定流单位重量液体从 1-1 过水断面流至 2-2 过水断面的机械能损失，称为水头损失，根据能量守恒原理，实际液体的能量方程应为

$$z_1 + \frac{p_1}{\gamma} + \frac{\alpha_1 u_1^2}{2g} = z_2 + \frac{p_2}{\gamma} + \frac{\alpha_2 u_2^2}{2g} + h_w$$

式（1-27）也称为伯诺里方程（Bernoulli's Equation），其中水头损失 h_w 也是具有长度的单位的量。

二、恒定流能量方程的意义

式（1-27）是水力学中极为重要的方程，它反映了恒定总流能量转化与质量守恒定律，同时也表达了各项运动要素之间的关系。

伯诺里方程中各项的物理意义和几何意义，归纳如下。

z ——总流过水断面上任意一点的位置高度，也称该点的单位位能，或称比位能或该点的单位位置水头。

$\frac{p}{\gamma}$ ——总流过水断面上同一点的压强高度，也称该点的单位压能，或称比压能或该点的单位压力水头。

$\frac{\alpha u^2}{2g}$ ——总流过水断面上同一点的速度高度，也称该点的单位动能，或称比动能或该点的单位流速水头。

$z + \frac{p}{\gamma}$ ——总流某过水断面的单位势能，又称比势能，或称单位测压管水头。

$z + \frac{p}{\gamma} + \frac{\alpha u^2}{2g}$ ——总流某过水断面的单位总机械能，又称总比能或称单位总水头，通常用 E 或 H 表示（单位均采用长度单位表示）。

h_w ——单位重量液体从 1-1 断面流向 2-2 断面所散失的平均总机械能，也称单位总能量损失，或称水头损失。

三、水力坡度

实际液体的伯诺里方程中各项及总水头、测压管水头的沿程变化可用几何曲线来表示。

设想恒定流各过水断面放置测压管与测速管，各测压管液面的连线称为测压管水头线，记为 PHL；而各测速管液面的连线称为总水头线，如图 1-23 所示，记为 THL。这两条线清晰地显示了液流三种能量及其组合的沿程变化过程。该图也称液体的水头线图。

由于实际液体在流动中总机械能沿程减小，所以实际液体的总水头线总是沿程下降的；而测压管水头线可能下降、水平或上升，这取决于水头损失及动能与势能相互转化的情况。

水流总水头线沿程下降的快慢可用总水头线的坡度 J 表示，称为水力坡度或水力梯度，它表示单位重量液体沿水流程单位长度上的能量损失，即

$$J = -\frac{\mathrm{d}H}{\mathrm{d}L} = \frac{\mathrm{d}h_w}{\mathrm{d}L} \qquad (1-28)$$

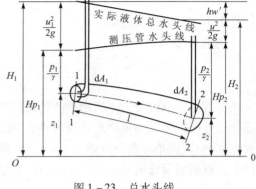

图 1 – 23　总水头线

四、恒定流能量方程的应用条件及注意事项

恒定流的能量方程在解决实际水力学的问题中被广泛应用，然而应用时也受到一些条件的制约，因此应满足如下条件。

（1）液流必须是恒定流。

（2）液体为不可压缩液体，即其密度沿程保持不变。

（3）在所选取的两个过水断面上，应该符合渐变流条件，但在所取的两个断面之间，液流可以不是渐变流。

（4）作用在液体上的质量力只有重力，没有其他惯性力。

（5）在所取的两个过水断面之间，流量保持不变，其间没有流量加入或分出。但因为能量方程研究的是单位重量液体的能量平衡问题，所以通常对于沿程有流量流入或流出的情况，仍可以分别对每一支流建立能量方程。

（6）两过水断面间除了水头损失以外，总流没有能量的输入或输出。但当总流在两断面间通过水泵、风机或水轮机等流体机械时，流体额外地获得或失去能量，则总流的伯诺里方程应作如下修正

$$z_1 + \frac{p_1}{\gamma} + \frac{\alpha_1 v_1^2}{2g} \pm H_m = z_2 + \frac{p_2}{\gamma} + \frac{\alpha_2 v_2^2}{2g} + h_w \qquad (1-29)$$

式中，$+H_m$ 表示单位重量流体流过水泵、风机所获得的能量，$-H_m$ 表示单位重量流体流经水轮机所失去的能量。

另外应用能量方程解决实际问题时，必须注意以下几点。

（1）注意液流应该为恒定流，若渐变流也可，选取渐变流过水断面，应将渐变流过水断面取在已知参数较多的断面上，并使伯诺里方程含有所要求的未知数。

（2）过水断面上的计算点原则上可任取，这是由于断面上各点势能 $z + \dfrac{p}{\gamma} =$ 常数，而且断面上各点平均动能 $\dfrac{\alpha v^2}{2g}$ 相同。为方便起见，通常对于管流取在管轴线上，明渠流取在自由液面上（如图 1 – 24 和图 1 – 25 所示）。

（3）方程中动水压强 p_1 与 p_2，原则上可取绝对压强，也可取相对压强，但对同一问题必须采用相同的标准。在一般水力计算中，以取相对压强为宜。

（4）基准面可任意选取，但对于两个过水断面必须选取同一基准面，通常要使 $z \geqslant 0$，计算才能更方便。

（5）建立能量方程求解时，要注意方程两端的动能修正系数 α_1 和 α_2 一般可近似取为 1.0。如果所列能量方程中的未知量不止一个，则可以考虑用恒定流连续性方程和后面将要讲到的恒定流动量方程联立求解。

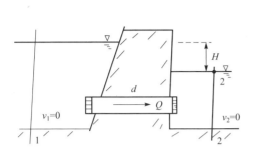

图 1 - 24　明渠流位置一

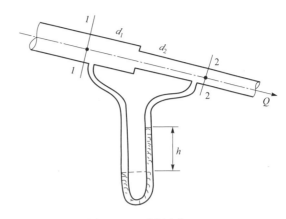

图 1 - 25　明渠流位置二

[例 1 - 4]　　　自流管从水库取水（如上图 1 - 24 所示），已知 $H = 12$ m，管径 $d = 100$ mm，水头损失 $h_w = 8\dfrac{v^2}{2g}$，求自流管流量 Q。

解：（1）0 - 0 基准面如图中下游水面。

（2）取渐变流端断面（如图所示）。

（3）代表点：两个断面与水面的交点。

（4）建立能量方程：

$$z_1 + \frac{p_1}{\gamma} + \frac{\alpha_1 v_1^2}{2g} = z_2 + \frac{p_2}{\gamma} + \frac{\alpha_2 v_2^2}{2g} + h_w$$

$$H + 0 + 0 = 0 + 0 + 0 + h_w$$

$$H = h_w = 8\frac{v^2}{2g}, h_w = 8\frac{v^2}{2g}$$

$$v = 5.42(\text{m/s}) \quad Q = vA = 42.6 \ \text{m}^3/\text{s}$$

另外要说明一点，能量方程还有两方面的应用，即在流速和流量的测量中，也就是在毕托管装置中和文丘里流量计中的应用，可以参阅相关的书籍。

五、水流阻力与水头损失

水流边界的不同，对断面流速的分布具有很大的影响，进而影响流动阻力和水头损失。实际液体在运动时，一定能够产生能量损失，只有确定水流阻力所产生的水头损失 h_w 之后，能量方程才具有实用意义。

为了便于计算，根据流动边界情况，把水头损失 h_w 分为沿程水头损失 h_f 和局部水头损失 h_j 两种形式，即

$$h_w = \sum_{i=1}^{n} h_{fi} + \sum_{k=1}^{m} h_{jk} \tag{1 - 30}$$

1. 沿程阻力和沿程水头损失

当流动的固体边界使液体作均匀流动（如长直管道或长直明渠）时，水流阻力中只有沿程不变的切应力，称为沿程阻力（或摩擦力）。克服沿程阻力做功而引起的水头损失则称为沿程水头损失，以 h_f 表示。沿程阻力的特征是沿流程连续分布，因而沿程损失的大小与流程的长短成正比。由伯诺里方程得出均匀流的沿程水头损失为

$$h_f = h_w = \left(z_1 + \frac{p_1}{\gamma} \right) - \left(z_2 + \frac{p_2}{\gamma} \right)$$

此时用于克服阻力所消耗的能量由势能提供，从而总水头线坡度 J 沿程不变，仍是一条直线。

当液体作较接近于均匀流的渐变流动时（如明渠渐变流），水流阻力虽已不是全部但却主要为沿程阻力，此时沿程阻力的大小如同流速分布一样，沿程发生变化。可将十分接近的两过水断面之间的渐变流动看做是均匀流动，并引用均匀流的沿程水头损失计算公式进行计算，即

$$h_f = \lambda \cdot \frac{l}{4R} \cdot \frac{v^2}{2g} \qquad (1-31)$$

上式是沿程水头损失的通用公式，对于圆管流而言，$d = 4R$，所以上式则为

$$h_f = \lambda \cdot \frac{l}{d} \cdot \frac{v^2}{2g} \qquad (1-32)$$

式（1-31）也称达西公式，利用达西公式计算沿程水头损失的问题也就往往集中在求沿程阻力系数 λ 的问题上来。有关确定 λ 值的公式和图表，很多很烦琐，使用时要格外慎重，限于篇幅，本教材略。

而对于明渠均匀流中不是渐变流流动时的沿程水头损失，常采用法国工程师谢才的经验公式进行计算，即

$$v = C \sqrt{RJ} \qquad (1-33)$$

或

$$h_f = \frac{v^2 l}{C^2 R} \qquad (1-34)$$

式中，C 为谢才系数（$\mathrm{m^{1/2}/s}$）；R 为水力半径（m）；J 为水力坡度，即 $J = h_f/l$。

值得说明的是：谢才公式可应用于明渠，也可以应用于管流。其中，该公式中的谢才系数的计算方式也层出不穷，满宁公式是较为普遍的用来计算 C 的公式之一，即

$$C = \frac{1}{n} R^{1/6} \qquad (1-35)$$

式中，n 为糙率，由实测或查表确定，曼宁公式适用于 $n \leqslant 0.02$，$R \leqslant 0.5$ m 的管道和小河渠，各种管道的 n 值见表 1-2 和表 1-3。

表 1-2 人工管道的糙率 n 值

管 道 类 别	n
带釉缸瓦管	0.013
混凝土和钢筋混凝土管（或用混凝土或钢筋混凝土衬砌的隧洞）	0.013 ~ 0.014
石棉水泥管	0.012
铸铁管	0.013
钢管	0.012
未加衬砌的隧道	0.025 ~ 0.033
部分衬砌的隧洞	0.022 ~ 0.030

表 1 - 3 综合反映壁面对水流阻滞作用的糙率

等级	槽 壁 种 类	n	$\dfrac{1}{n}$
1	涂复珐琅或釉质的表面。极精细刨光而拼合良好的木板	0.009	111.1
2	刨光的木板。纯粹水泥的粉饰面	0.010	100.0
3	水泥（含 $\frac{1}{3}$ 细沙）粉饰面。（新）的陶土、安装和接合良好的铸铁管和钢管	0.011	90.9
4	未刨的木板，而拼合良好。无显著积垢的给水管；极洁净的排水管，极好的混凝土面	0.012	83.3
5	琢磨石砌体；极好的砖砌体，正常的排水管；略微污染的给水管；非完全精密拼合的未刨的木板	0.013	76.9
6	"污染"的给水管和排水管，一般的砖砌体，一般情况下渠道的混凝土面	0.014	71.4
7	粗糙的砖砌体，未琢磨的石砌体，有修饰的表面，石块安置平整，带有污垢的排水管	0.015	66.7
8	普通块石砌体；旧破砖砌体；较粗糙的混凝土；光滑的开凿得极好的崖岸	0.017	58.8
9	覆有坚厚淤泥层的渠槽，用致密黄土和致密卵石做成而为整片淤泥层所覆盖的良好渠槽	0.018	55.6
10	很粗糙的块石砌体；用大块石干砌；卵石铺筑面。岩山中开筑的渠槽。黄土、致密卵石和致密泥土做成而为淤泥薄层所覆盖的渠槽（正常情况）	0.020	50.0
11	尖角的大块乱石铺筑；表面经过普通处理的岩石渠槽；致密黏土渠槽。黄土、卵石和泥土做成而非为整片的（有些地方断裂的）淤泥薄层所覆盖的渠槽，中等养护的大型渠槽	0.022 5	44.4
12	中等养护的大型土渠；良好的养护的小型土渠。小河和溪闸（自由流动无淤塞和显著水草等）	0.025	40.0
13	中等条件以下的大渠道和小渠槽	0.027 5	40.0
14	条件较差的渠道和小河（例如有些地方有水草和乱石或显著的茂草，有局部的坍坡等）	0.030	33.3
15	条件很差的渠道和小河，断面不规则，严重地受到石块和水草的阻塞等	0.035	28.6
16	条件特别差的渠道和小河（沿河有崩崖的巨石、绵密的树根、深潭、坍岸等）	0.04	025.0

应该注意的是，谢才公式中的 C 和达西公式中的 λ 是从不同的实验成果中总结出来的。因此，用谢才公式和达西公式计算同一个问题时，计算的结果并不相同。对于管流，一般应采用达西公式计算；而对于明渠，一般宜采用谢才公式计算。

2. 局部阻力与局部水头损失

在流道边界发生突变的局部区域，液流因固体边界急剧改变而引起速度分布的急剧改变，由此产生的阻力称为局部阻力。流体由于克服局部阻力而造成的相应的水头损失称为局部水头损失，以 h_j 表示。它一般发生在水流边界突变处附近，例如图（1-26）中所示的水流经过"弯头"、"缩小"、"放大"及"闸门"等处。

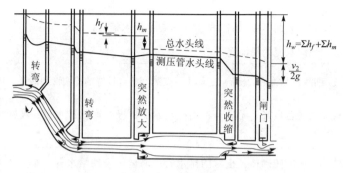

图 1-26　水头损失

局部水头损失产生的机理较为复杂，局部突变种类也很多，主要有断面突变型、流向改变型、局部障碍型和流量变化型四种，其中除了少部分情况可以采用理论方法计算外，绝大多数局部地段的水头损失都是通过实验的方法来确定的，计算局部水头损失的通用公式为

$$h_j = \xi \frac{v^2}{2g} \tag{1-36}$$

式中，ξ 为局部水头损失系数，是无量纲的量。

通常，不同的边界变化情况，有不同的局部水头损失系数，其值由实验确定。一般计算时，ζ 值可以查阅专用计算手册，使用 ξ 值时应该注意与之相对应的流速水头，见表 1-4 和表 1-5。

表 1-4　断面扩大管水头损失

断面逐渐扩大管　$h_j = \xi \dfrac{(v_1 - v_2)^2}{2g}$

$\theta/(°)$ D/d	2	4	6	8	10	15	20	25	30	35	40	45
1.1	0.01	0.01	0.01	0.02	0.03	0.05	0.10	0.13	0.16	0.18	0.19	0.20
1.2	0.02	0.02	0.02	0.03	0.04	0.09	0.16	0.21	0.25	0.29	0.31	0.33
1.4	0.02	0.03	0.03	0.04	0.06	0.12	0.23	0.30	0.36	0.41	0.44	0.47
1.6	0.03	0.03	0.04	0.05	0.07	0.14	0.26	0.35	0.42	0.47	0.51	0.54
1.8	0.03	0.04	0.04	0.05	0.07	0.15	0.28	0.37	0.44	0.50	0.54	0.58
2.0	0.03	0.04	0.04	0.05	0.07	0.16	0.29	0.38	0.45	0.52	0.56	0.60
2.5	0.03	0.04	0.04	0.05	0.08	0.16	0.30	0.39	0.48	0.54	0.58	0.62
3.0	0.03	0.04	0.04	0.05	0.08	0.16	0.31	0.40	0.48	0.55	0.59	0.63

表 1 - 5　缩小管水头损失

突然缩小管 $h_j = \xi \frac{v_2^2}{2g} = 0.5\left[1-\left(\frac{d}{D}\right)^2\right]\frac{v_2^2}{2g}$	$A_2/A_1\left(=\frac{d}{D}\right)^2$	0.01	0.1	0.2	0.3	0.4	0.5
	ξ	0.50	0.45	0.40	0.35	0.30	0.25
	$A_2/A_1\left(=\frac{d}{D}\right)^2$	0.6	0.7	0.8	0.9	1.0	
	ξ	0.20	0.15	0.10	0.05	1.00	
断面逐渐缩小管 $h_j = \xi \frac{v_2^2}{2g}$	D_2/D_1	0.0	0.1	0.2	0.3	0.4	0.5
	ξ	0.50	0.45	0.42	0.39	0.36	0.33
	D_2/D_1	0.6	0.7	0.8	0.9	1.0	
	ξ	0.28	0.22	0.15	0.06	0.00	

圆角进口	直角进口	内插进口
$\xi = 0.05 \sim 0.25$	$\xi = 0.5$ $h_j = \xi \frac{v^2}{2g}$	$\xi = 1.0$

综上所述，沿程水头损失和局部水头损失都是由于液体在运动过程中克服阻力做功而引起的，但又具有不同的特点。沿程阻力主要显示为"摩擦阻力"的性质。而局部阻力主要是因为固体边界形状突然改变，从而引起水流内部结构遭受破坏，产生漩涡，以及在局部阻力之后，水流还要重新调整整体结构适应新的均匀流条件的过渡过程所造成的。

管路或明渠中的水流阻力都是由几段等直径圆管或几段几何形状相同的等截面渠道的沿程阻力和以断面形式急剧改变引起的局部阻力所组成的。因此，流段两截面间的水头损失可以表示为两截面间的所有沿程损失和所有局部损失的总和，即式（1 - 30）所列。

[例 1 - 5]　有一管径不同的管路，水从水箱流入水管，管路连接情况如图 1 - 27 所示，已知 $d_1 = 150$ mm，$\lambda_1 = 0.037$，$l_1 = 25$ m；$d_2 = 125$ mm，$\lambda_2 = 0.039$，$l_2 = 25$ m，阀门开启度 $\frac{\alpha}{d_2} = 0.5$，需要输送的流量 $Q = 25$ l/s。求：① 沿程总水头损失 $\sum h_f$；② 局部总水头损失 $\sum h_j$；③ 若保持输水量 Q 所需要的水头 H。

解：① 求沿程总水头损失 $\sum h_f$。

$Q = 25$ m³/s，$v_1 = \frac{Q}{A_1} = \frac{4 \times 0.025}{3.14 \times 0.15^2} = 1.415$ （m/s）

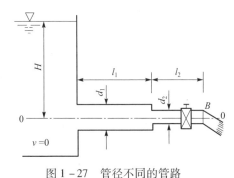

图 1 - 27　管径不同的管路

$$v_2 = \frac{Q}{A_2} = \frac{4 \times 0.025}{3.14 \times 0.125^2} = 2.04\,(\text{m/s})$$

$$h_{f1} = \lambda_1 \frac{l_1}{d_1} \frac{v_1^2}{2g} = 0.037 \times \frac{25}{0.15} \times \frac{1.415^2}{2 \times 9.8} = 0.63\,(\text{m})$$

沿程总水头损失为

$$\sum h_f = h_{f1} + h_{f2} = 0.63 + 0.66 = 1.29\ (\text{m})$$

② 求局部总水头损失 $\sum h_j$。

进口损失：由于进口为锐缘，查表 1−5 得进口局部损失系数 $\xi_1 = 0.5$，故有

$$h_{j_1} = \xi_1 \frac{v_1^2}{2g} = 0.5 \times \frac{1.415^2}{2 \times 9.8} = 0.051\,(\text{m})$$

突然缩小损失：查表 1−5 得突然缩小损失系数为

$$\xi_2 = 0.5\left(1 - \frac{A_2}{A_1}\right) = 0.5\left(1 - \frac{d_2^2}{d_1^2}\right) = 0.5\left(1 - \frac{0.125^2}{0.15^2}\right) = 0.15\,(\text{m})$$

$$h_{j2} = \xi_2 \frac{v_2^2}{2g} = 0.15 \times \frac{2.04^2}{2 \times 9.8} = 0.032\,(\text{m})$$

闸阀损失：由于闸阀半开，即 $\frac{\alpha}{d_2} = 0.5$，查有关手册得闸阀损失系数 $\xi_3 = 2.06$，故有

$$h_{j3} = \xi_3 \frac{v_3^2}{2g} = 2.06 \times \frac{(2v_2)^2}{2 \times 9.8} = 2.06 \times \frac{(4.08)^2}{19.6} = 1.75\,(\text{m})$$

总的局部水头损失为

$$\sum h_j = h_{j_1} + h_{j_2} + h_{j_3} = 0.051 + 0.15 + 1.75 = 1.915\,(\text{m})$$

③ 要保持输水量 Q 所需要的水头为

$$H = \sum_{i=1}^{n} h_{fi} + \sum_{k=1}^{m} h_{jk} + \frac{\alpha_3 v_3^2}{2g} = 1.29 + 1.915 + \frac{1 \times (4.08)^2}{2 \times 9.8} = 4.05\,(\text{m})$$

子学习情境四　恒定流的动量方程

恒定流的动量方程是继连续性方程与能量方程之后，研究液体流动的又一基本方程，统称水力学三大方程。

恒定流的动量方程是动量定理在水流运动中的表达式，它可以解决工程实践中运动液体与固体边壁间的相互作用力问题。例如，闸门前水流对闸门的动水压力、弯道中水流对弯管的作用力等，均需要利用动量方程，该方程将运动液体与固体边壁间的作用力，直接与运动液体的动量变化联系起来，它的优点是不必知道流动范围内部的流动过程，而只需知道端面上的流动状况。

一、恒定流的动量方程

运动物体质量 m 与速度 u 的积为动量 K，即 $K = mu$，动量是矢量，既有大小又有方向，根据动量定理则有：物体的动量变化率 $\frac{\mathrm{d}K}{\mathrm{d}t}$ 等于所受外力的合力 $\sum F$，即

$$\frac{\mathrm{d}K}{\mathrm{d}t} = \frac{\mathrm{d}(\sum mu)}{\mathrm{d}t} = \sum F$$

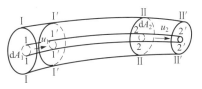

图 1-28 恒定流

从恒定流中任取一束元流，如图 1-28 所示，初始时刻在 1-2 位置，经 $\mathrm{d}t$ 时段运动到 $1'-2'$ 位置，设通过过水断面 1-1 与 2-2 的流速分别为 u_1 与 u_2。

$\mathrm{d}t$ 时段内元流的动量增量 $\mathrm{d}K$ 等于 $1'-2'$ 段与 1-2 段液体各质点动量的矢量和之差，由于恒定流公共部分 $1'-2$ 段的形状与位置及其动量不随时间改变，因而元流段的动量增量等于 $2-2'$ 段动量与 $1'-1$ 段动量之矢量差。根据质量守恒原理，$2-2'$ 段的质量与 $1'-1$ 段的质量相等（设为 $\mathrm{d}M$），则元流的动量增量为

$$\mathrm{d}K = \mathrm{d}Mu_2 - \mathrm{d}Mu_1 = \mathrm{d}M(u_2 - u_1) \tag{1-37}$$

对于不可压缩的液体，$\mathrm{d}Q_1 = \mathrm{d}Q_2 = \mathrm{d}Q$，故有

$$\mathrm{d}K = \rho \mathrm{d}Q \mathrm{d}t(u_2 - u_1)$$

根据动量定理，得恒定元流的动量方程为

$$\rho \mathrm{d}Q(u_2 - u_1) = F \tag{1-38}$$

式中，F 是作用在元流段 1-2 上外力的合力。

总流的动量变化即为总流中所有元流动量变化的矢量和。在分析过程中，用断面的平均流速 v 代替断面的流速分布 u，并引入一个动量修正系数 β，则有

$$\sum \mathrm{d}K = \rho Q \mathrm{d}t(\beta_2 v_2 - \beta_1 v_1) \tag{1-39}$$

即

$$\frac{\sum \mathrm{d}K}{\mathrm{d}t} = \rho Q(\beta_2 v_2 - \beta_1 v_1)$$

根据质点系的动量定理，对于总流 $\dfrac{\sum \mathrm{d}K}{\mathrm{d}t} = \sum F$，得

$$\sum F = \rho Q(\beta_2 v_2 - \beta_1 v_1) \tag{1-40}$$

式中，$\sum F$ 是作用在总流段 1-2 上所有外力的合力。

恒定总流的动量方程（1-39）或方程（1-40）表明：总流作恒定流动时，单位时间控制面内总流的动量变化（流出与流入的动量之差）等于作用在该控制面内所有液体质点的质量力与作用在该控制面上的表面力的合力。

恒定流动的动量方程不仅适用于理想液体，而且也适用于实际液体。

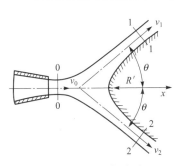

图 1-29 水平图

实际上，即使是非恒定流，只要流体在控制面内的动量不随时间改变，这一方程仍适用。

用动量方程解题的关键在于如何选取控制面，一般应将控制面的一部分取在运动液体与固体边壁的接触面上，另一部分取在渐变流过水断面上，并使控制面封闭。

因动量方程是矢量方程，故在实用上是利用它在某坐标系上的投影式进行计算的。为方便起见，应使有的坐标轴垂直于不要求的作用力或动量（速度）。写投影式时应注意各项的正负号。

[例1-6] 水流从喷嘴中水平射向一相距不远的静止固体壁面,接触壁面后分成两股并沿其表面流动,其水平图如图1-29所示。设固壁及其表面液流对称于喷嘴的轴线。若已知喷嘴出口直径 d 为 40 mm,喷射流量 Q 为 0.025 2 m^3/s,求液流偏转角 θ 分别等于 60°、90° 与 180°时射流对固壁的冲击力 R,并比较它们的大小。

解: 利用总流的动量方程计算液体射流对固壁的冲击力。取渐变流过水断面 0-0、1-1 与 2-2 以及液流边界面所围的封闭曲面为控制面。

流入与流出控制面的流速,以及作用在控制面上的表面力如图1-29所示,其中 R' 是固体边壁对液流的作用力,即为所求射流对固体边壁冲击力 R 的反作用力。因固壁及表面的液流对称于喷嘴的轴线,故 R' 位于喷嘴轴线上。控制面四周大气压强的作用因相互抵消而不需计算。同时,因只研究水平面上的液流,因此与其正交的重力也不必考虑。

现选喷嘴轴线为 x 轴(设向右为正)。若略去水平面上液流的能量损失,则由总流的能量方程得

$$v_1 = v_2 = v_0 = \frac{Q}{\frac{1}{4}\pi d^2} = \frac{0.025\ 2}{\frac{1}{4} \times 3.14 \times 0.04^2} = 20(m/s)$$

因液流对称于 x 轴,故 $Q_1 = Q_2 = Q/2$。取 $\beta_1 = \beta_2 = 1$,规定动量及力的投影与坐标轴同向为正,反向为负。总流的动量方程在 x 轴上的投影为

$$\frac{\rho Q}{2}v_0 \cos\theta + \frac{\rho Q}{2}v_0 \cos\theta - \rho Q v_0 = -R'$$

得
$$R' = \rho Q v_0(1 - \cos\theta)$$

而 $R = -R'$,即两者大小相等,方向相反。

由上式得:

当 $\theta = 60°$ 时(固壁凸向射流),有
$$R = R' = 1\ 000 \times 0.025\ 2 \times 20 \times 1(1 - \cos 60°) = 252(N)$$

当 $\theta = 90°$ 时(固壁为垂直平面),有
$$R = R' = 1\ 000 \times 0.025\ 2 \times 20 \times 1(1 - \cos 90°) = 504(N)$$

当 $\theta = 180°$ 时(固壁凹向射流),有
$$R = R' = 1\ 000 \times 0.025\ 2 \times 20 \times 1(1 - \cos 180°) = 1\ 008(N)$$

由此可见,三种情况以 $\theta = 180°$ 时(固壁凹向射流)的 R 值最大。斗叶式水轮机的叶片开状就是根据这一原理设计的,以求获得最大的冲击力与输出功率。当然,此时叶片并不固定而是作圆周运动,有效作用力应由相对速度所决定。

复习思考题

1. 有一过水断面为矩形的人工渠道,其宽度 B 等于 1 m。测得断面 1-1 与 2-2 处的水深 $h_1 = 0.6$ m,$h_2 = 0.3$ m。若断面平均流速 v_2 等于 2 m/s,试求通过此渠道的流量 Q 及断面 1-1 的平均流速 v_1。

2. 一直径 D 为 1 m 的盛水圆筒铅垂放置,现接出一根直径 d 为 20 cm 的水平管子。已知某时刻水管中断面的平均流速 v_2 等于 3 m/s,求该时刻圆筒中液面下降的速度 v_1。

3. 有三个不同直径的水管串联，其直径顺序分别 $d_1 = 40$ mm，$d_2 = 100$ mm，$d_3 = 120$ mm，若断面平均流速 $v_1 = 5$ m/s，求其他管中的水流速度 v_2 和 v_3。

4. 一矩形断面平底的渠道，其宽度 B 为 2.7 m，河床在某断面处抬高 0.3 m，抬高前的水深为 1.5 m，抬高后水面降低 0.12 m。若水头损失 h_w 为尾渠流速水头的一半，问流量 Q 等于多少？

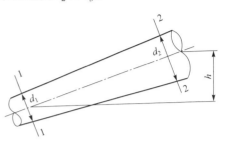

图 1 – 30　变直径管道

5. 一变直径管道，如图 1 – 30 所示，已知断面 1 的直径 $d_1 = 150$ mm，其中心点压强 $p_1 = 78.4$ kN/m²。断面 2 的直径 $d_2 = 300$ mm，其中心点压强 $p_2 = 68.6$ kN/m²，断面 2 的平均流速 $v_2 = 2$ m/s。两断面中心点高差 $h = 0.8$ m，试确定管中的水流方向，并计算两断面间的水头损失 h_w。

学习情境三 明渠均匀流

学习目标: 掌握明渠均匀流的概念,以及其形成条件和水力特性
　　　　　理解正常水深和水力最优断面的含义
　　　　　掌握明渠均匀流水力计算的类型
能力目标: 天然明渠水流的基本特点
　　　　　判断水流的基本类型

天然河道、人工渠道以及未充满水流的管道等统称为明渠。明渠流是一种具有自由表面的水流,自由表面上的各点受当地大气压的作用,其相对压强为零,所以又称为无压流。与有压管流不同,重力是明渠流的主要动力,而压力是有压管流的主要动力。

明渠水流根据其水力要素是否随时间变化分为恒定流和非恒定流动。明渠恒定流动又根据流线是否为平行直线分为均匀流和非均匀流。

明渠水流与有压管流的一个很大区别是:明渠流的自由表面会随着不同的水流条件和渠身条件而变动,形成各种流动状态和水面形态,在实际问题中,很难形成明渠均匀流。但是,在实际应用中,如在铁路、公路、给排水和水利工程的沟渠中,其排水或输水能力的计算常按明渠均匀流处理。此外,明渠均匀流理论对于进一步研究明渠非均匀流也具有重要意义。因此,本章主要研究明渠恒定均匀流的水力特性和水力计算的原理和类型。

子学习情境一 概　　述

一、明渠边界的几何条件

由于过水断面形状、尺寸与底坡的变化对明渠水流运动有重要影响,因此在水力学中把明渠分为以下类型。

1. 棱柱形渠道和非棱柱形渠道

在工程实践中,因水流在不同地段、地形等条件都有改变,渠道断面尺寸、形状和底坡沿程也不完全相同,凡是断面形状及尺寸和底坡沿程不变的长直渠道,称为棱柱形渠道;否则为非棱柱形渠道。前者的过水断面面积仅随水深变化,后者的过水断面面积不仅随水深变化,而且还随着各断面的沿程位置而变化。

2. 顺坡(正坡)、平坡和逆坡(负坡)渠道

明渠渠底线(即渠底与纵剖面的交线)上单位长度的渠底高程差,称为明渠的底坡(Bottom Slope),用 i 表示,如图 1-31 (a) 所示,1-1 和 2-2 两断面间渠底线长度为 Δs,该两断面间渠底高程差为 $(a_1 - a_2) = \Delta a$,渠底线与水平线的夹角为 θ,则底坡为

$$i = \frac{a_1 - a_2}{\Delta s} = \frac{\Delta a}{\Delta s} = \sin \theta \qquad (1-41)$$

在水力学中,规定渠底高程顺水流下降的底坡为正,因此,以导数形式表示时应为

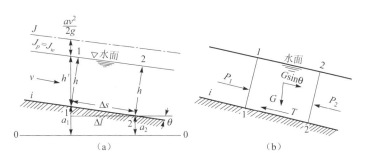

图 1 - 31　明渠的底坡

$$i = -\frac{\mathrm{d}a}{\mathrm{d}s} \tag{1-42}$$

当渠底坡较小时，例如 $i < 0.1$ 或 $\theta < 6°$ 时，因两断面间渠底线长度 Δs 与两断面间的水平距离 Δl 近似相等，即 $\Delta s \approx \Delta l$，则由图 1 - 31 （a） 可知

$$i = \frac{\Delta a}{\Delta s} \approx \frac{\Delta a}{\Delta l} = \tan \theta \tag{1-43}$$

$$i = \sin \theta \approx \tan \theta$$

所以，在上述情况下，两断面间的距离 Δs 可用水平距离 Δl 代替，并且，过水断面可以看做铅垂平面，水深 h 也可沿铅垂线方向量取。

明渠底坡通常有三种情况，如图 1 - 32 所示。渠底高程沿流程下降的，称为顺坡（Falling Slope），规定 $i > 0$；渠底高程沿流程保持水平的（不变的），称为平坡（Horizontal Slope），$i = 0$；渠底高程沿流程上升的，称为逆坡（Adverse Slope），规定 $i < 0$。

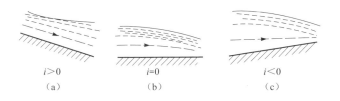

图 1 - 32　明渠底坡三种情况

（a）顺坡；（b）平坡；（c）逆坡

明渠横断面的形状各种各样。天然河道的横断面，通常为不规则断面。人工渠道的横断面，可以根据要求，采用梯形、圆形、矩形等各种规则断面形式。

二、明渠均匀流的水力特性及其形成条件

明渠均匀流具有下列几个水力特性。

（1）过水断面的形状和尺寸、流量和水深，沿程不变。

（2）过水断面上流速的大小、方向和流速的分布及其分布规律沿程不变，断面的平均流速、动能修正系数及流速水头均沿程不变。

（3）总水头线、测管水头线（在明渠水流中，就是水面线）和渠底线三线互相平行，因而三坡度相等，即

$$J = J_p = i \tag{1-44}$$

对明渠恒定均匀流，如图 1 – 32（b）所示，Δs 流段的动量方程为

$$P_1 - P_2 + G\sin\theta - T = 0 \qquad (1-45)$$

式中，P_1 和 P_2 为 1 – 1 和 2 – 2 过水断面的动水压力，G 为 Δs 流段的水体重量，T 为边壁（包括岸壁和渠底）阻力。对棱柱形明渠均匀流，有 $P_1 = P_2$，所以

$$G\sin\theta = T \qquad (1-46)$$

可见，水体重力沿流向的分力 $G\sin\theta$ 与水流所受边壁阻力平衡，是明渠均匀流的力学特性。如果是非棱柱形明渠，或者是棱柱形明渠而底坡为负坡（$i = \sin\theta < 0$）或平底坡（$i = \sin\theta = 0$），则式（1 – 45）的动力平衡关系不可能存在。因此，明渠均匀流只能发生在顺坡的棱柱形明渠中。

根据上述明渠均匀流的各种特性，可见只有同时具备下述条件，才能形成明渠恒定均匀流：

（1）明渠中水流必须是恒定流；

（2）流量沿程不变；

（3）明渠必须是棱柱形渠；

（4）明渠的糙率必须保持沿程不变；

（5）明渠的底坡必须是顺坡，且底坡沿程不变；

（6）同时应有相当长的而且其上没有建筑物的顺直段。

只有在这样长的顺直段上而又同时具有上述条件时才能形成明渠均匀流。实际上这样的水流很少见，绝大多数的明渠水流均为非均匀流。但长直棱柱形渠道中的恒定流某些流段近似满足上述条件，可以近似看做明渠均匀流，以方便解决问题。

子学习情境二　明渠均匀流的基本公式

一、基本公式

明渠恒定均匀流，计算断面平均流速可采用谢才公式，即

$$v = C\sqrt{RJ}$$

对于明渠恒定均匀流，由于 $J = i$，所以上式可写为

$$v = C\sqrt{Ri} \qquad (1-47)$$

$$Q = Av = AC\sqrt{Ri} = K\sqrt{i} \qquad (1-48)$$

式中，K 为流量模数。

上式中谢才系数 C 可以用曼宁公式（1 – 35）计算。将曼宁公式代入谢才公式中便可得到

$$v = \frac{1}{n}R^{\frac{2}{3}}\sqrt{i} \qquad (1-49)$$

$$Q = A\frac{1}{n}R^{\frac{2}{3}}\sqrt{i} = K\sqrt{i} \qquad (1-50)$$

上式中，K 为流量模数，单位与流量的单位相同；谢才系数 C 是糙率 n 和水力半径 R 的函数。K 远比 R 对 C 的影响大，所以根据实际情况正确选择糙率 n 具有很重要的意义。常见的明渠糙率 n 值见表 1 – 6，仅供参考。

表 1 - 6 各种材料明渠的糙率 n 值

渠槽类型及状况	最小值	正常值	最大值
一、衬砌渠道			
1. 净水泥表面	0.010	0.011	0.013
2. 水泥灰浆	0.011	0.013	0.015
3. 刮平的混凝土表面	0.013	0.015	0.016
4. 未刮平的混凝土表面	0.014	0.017	0.020
5. 表面良好的混凝土喷浆	0.016	0.019	0.023
6. 浆砌块石	0.017	0.025	0.030
7. 干砌块石	0.023	0.032	0.035
8. 光滑的沥青表面	0.013	0.013	
9. 用木馏油处理的、表面刨光的木材	0.011	0.012	0.015
10. 油漆的光滑钢表面	0.012	0.013	0.017
二、无衬砌的渠道			
1. 清洁的顺直土渠	0.018	0.022	0.025
2. 有杂草的顺直土渠	0.022	0.027	0.033
3. 有一些杂草的弯曲、断面变化的土渠	0.025	0.030	0.033
4. 光滑而均匀的石渠	0.025	0.035	0.040
5. 参差不齐、不规则的石渠	0.035	0.040	0.050
6. 有与水深同高的浓密杂草的渠道	0.050	0.080	0.120
三、小河（汛期最大水面宽度约 30 m）			
1. 清洁、顺直的平原河流	0.025	0.030	0.033
2. 清洁、弯曲、稍许淤滩和潭坑的平原河流	0.033	0.040	0.045
3. 水深较浅、底坡多变、回流区较多的平原河流	0.040	0.048	0.055
4. 河底为砾石、卵石间有孤石的山区河流	0.030	0.040	0.050
5. 河底为卵石和大孤石的山区河流	0.040	0.050	0.070
四、大河，同等情况下 n 值比小河略小			
1. 断面比较规则，无孤石或丛木	0.025		0.060
2. 断面不规则，床面粗糙	0.035		0.100
五、汛期滩地漫流			
1. 短草	0.025	0.030	0.035
2. 长草	0.030	0.035	0.050
3. 已熟成行庄稼	0.025	0.035	0.045
4. 茂密矮树丛（夏季情况）	0.070	0.100	0.160
5. 密林，树下少植物，洪水位在枝下	0.080	0.100	0.120
6. 同上，洪水位及树枝	0.100	0.120	0.160

在设计渠道选择糙率 n 值时,应注意以下几点:

(1)选定了 n 值,就意味着将渠槽粗糙情况对水流阻力的影响作出了综合估计。因此,必须对前述的水流阻力和水头损失的各种影响因素及一般规律有正确的理解。

(2)要尽量参考一些比较成熟的典型糙率资料。

(3)应尽量参照本地和外地同类型的渠道实测资料和运用情况,选择切合实际的糙率 n。

(4)为保证选定的 n 值达到设计要求,设计文件中应对渠槽的施工质量和运行维护提出有关要求。

二、过水断面的水力要素

明渠均匀流基本公式中 Q、A、K、C、R 都与明渠均匀流过水断面的形状、尺寸和水深有关。明渠均匀流水深,通称正常水深(Normal Depth),以 h_0 表示。人工渠道的断面形状,根据渠道的用途、渠道的大小、施工建造方法和渠道的材料等选定。在水利工程中,梯形断面最适用于天然土质渠道,是最常用的断面形状。其他断面形状,如圆形、矩形、抛物线形,在特定场合,也被采用。下面研究梯形和圆形过水断面的水力要素。

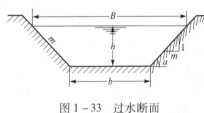

图 1-33　过水断面

如图 1-33 所示,过水断面面积为

$$A = (b + mh)h \qquad (1-51)$$

式中,b 为渠底宽;h 为水深;$m = \cot\alpha$,称为边坡系数。

水面宽为

$$B = b + 2mh \qquad (1-52)$$

湿周为

$$\chi = b + 2h\sqrt{1 + m^2} \qquad (1-53)$$

水力半径为

$$R = \frac{A}{\chi} \qquad (1-54)$$

显然,在上述四个公式中,对于矩形过水断面,边坡系数 $m = 0$;对于三角形过水断面,底宽 $b = 0$。

如果梯形断面是不对称的,两边的边坡系数 $m_1 \neq m_2$,则有

$$A = \left(b + \frac{m_1 + m_2}{2}h\right)h \qquad (1-55)$$

$$B = b + m_1 h + n_2 h \qquad (1-56)$$

$$\chi = b + \left(\sqrt{1 + m_1^2} + \sqrt{1 + m_2^2}\right)h \qquad (1-57)$$

由于通常实际明渠中,天然形成矩形、圆形等规则断面的几率不大,大多数均为梯形断面,其边坡系数 m 可以根据边坡的岩土性质,参照渠道设计的有关规范选定。表 1-7 列出了各种岩土的边坡系数 m 可供参考。

表 1－7 各种岩土的边坡系数

岩土种类	边坡系数 m（水下部分）	边坡系数（水上部分）
未风化的岩石	1～0.25	0
风化的岩石	0.25～0.5	0.25
半岩性耐水土壤	0.5～1	0.5
卵石和砂砾	1.25～1.5	1
黏土、硬或半硬黏壤土	1～1.5	0.5～1
松软黏壤土、砂壤	1.25～2	1～1.5
细砂	1.5～2.5	2
粉砂	3～3.5	2.5

水工隧洞和下水管道，因为不是土料建造，所以常采用圆形管道。在管径 d、过水断面充水深度 h 和中心角 φ 已知时；如图 1－34 所示明渠圆管断面的各项水力要素很容易由几何关系推得。

过水断面面积为

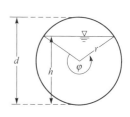

图 1－34　圆形管道

$$A = \frac{d^2}{8}(\varphi - \sin\varphi) \qquad (1-58)$$

湿周为

$$\chi = \frac{1}{2}\varphi d$$

水面宽度为

$$B = d\sin\frac{\varphi}{2}$$

水力半径为

$$R = \frac{d}{4}\left(1 - \frac{\sin\varphi}{\varphi}\right) \qquad (1-59)$$

流速，由谢才公式得

$$v = \frac{C}{2}\sqrt{\left(1 - \frac{\sin\varphi}{\varphi}\right)di} \qquad (1-60)$$

流量为

$$Q = \frac{C}{16}\frac{(\varphi - \sin\varphi)^{3/2}}{\sqrt{\varphi}}d^{5/2}\sqrt{i} \qquad (1-61)$$

充水深度 h 和中心角 φ 的关系为

$$h = \frac{d}{2}\left(1 - \cos\frac{\varphi}{2}\right) = d\sin^2\frac{\varphi}{4} \qquad (1-62)$$

$$\alpha = \frac{h}{d} = \sin^2\frac{\varphi}{4} \qquad (1-63)$$

式中，α 称为充满度。

应该指出的是，在进行无压管道水力计算时，还要参考国家建设部颁发的《室外排水设计规范》中的有关条款。其中，污水管道应按不满流计算，其最大设计充满度按表 1 – 8 选用；雨水管道和合流管道应按满流计算；排水管的最大设计流速：金属管为 10 m/s，非金属管为 5 m/s；排水管的最小设计流速，在设计充满度下，对于污水管道，当管径 ≤500 mm 时，为 0.7 m/s，当管径 >500 mm 时，为 0.8 m/s。另外，对最小管径和最小设计坡度等也有规定，在实际工作中可参阅有关手册与规范。

表 1 – 8　最大设计充满度

管径 (d) 或暗渠深 (H) /mm	最大设计充满度 $\left(\alpha = \dfrac{h}{d}\ 或\ \dfrac{h}{H}\right)$
150 ~ 300	0.60
350 ~ 450	0.70
500 ~ 900	0.75
≥1 000	0.80

三、水力最优断面

由上述的明渠水流的计算公式 $Q = A\dfrac{1}{n}R^{\frac{2}{3}}\sqrt{i}$ 中可以看出，渠道的输水或泄水能力取决于底坡 i、糙率 n 及过水断面的形状尺寸的大小等方面。在渠道设计时，底坡 i 取决于地形条件或其他条件；糙率 n 取决于选用的建筑材料及施工水平等方面，在底坡和糙率都已知的情况下，流量 Q 取决于过水断面的形状和尺寸。水力最优断面就是指在底坡和糙率已知的情况下，过水断面面积一定时，通过的流量最大，或者当流量一定时，过水断面面积最小的断面。符合这种条件的断面，从理论上说，工程量最小，即

$$Q = A\frac{1}{n}R^{\frac{2}{3}}\sqrt{i} = \frac{1}{n}\frac{A^{\frac{5}{3}}\cdot i^{\frac{1}{2}}}{\chi^{\frac{2}{3}}} \tag{1 – 64}$$

上式表明，在 n、i、A 一定时，要使流量 Q 最大，则湿周 χ 最小，也就是当 χ 最小时断面为水力最优断面。由几何学可知，面积相同而形状不同的几何体中，圆的周长最小。所以圆形断面和半圆断面即是水力最优断面，但难以施工，尤其是工程中渠道大部分位于土质的地基上，因此常做成梯形断面。其边坡系数 m 的大小取决于土壤的种类或护面情况，常见的 m 值见表 1 – 9。

表 1 – 9　梯形渠道的边坡系数 m 值

土壤种类	边坡系数/m	土壤种类	边坡系数/m
细　砂	3.0 ~ 3.5	一般黏土	1.0 ~ 1.5
砂壤土和松散壤土	2.0 ~ 2.5	密实的重黏土	1.0
密实砂壤土和轻壤土	1.5 ~ 2.0	风化的岩石	0.25 ~ 0.5
重黏壤土密实的黄土	1.0 ~ 1.5	未风化的岩石	0.00 ~ 0.25

这里讨论在 m 一定的条件下，梯形断面的水力最优条件。梯形断面的湿周 $\chi = b + 2h\sqrt{1 + m^2}$，边坡系数 m 已知，由于面积 A 给定，b 和 h 相互关联（$b = A/h - mh$），所以有

$$\chi = \frac{A}{h} - mh + 2h\sqrt{1+m^2}$$

当水力最优条件下，应有

$$\frac{\mathrm{d}\chi}{\mathrm{d}h} = -\frac{A}{h^2} - m + 2\sqrt{1+m^2} = -\frac{b}{h} - 2m + 2\sqrt{1+m^2} = 0$$

从而得到水力最优的梯形断面的宽深比条件为

$$\beta_m = \frac{b}{h} = (\sqrt{1+m^2} - m) \tag{1-65}$$

矩形断面是梯形断面的特例，$m=0$，计算得 $\beta_m=2$，或 $b=2h$，所以水力最优矩形断面的底宽为水深的两倍。不同 m 值对应的 β_m 见表 1-10。

表 1-10　梯形水力最优断面的宽深比 β_m

m	0	0.25	0.50	0.75	1.00	1.25	1.50	1.75	2.00	2.50	3.00
β_m	2.00	1.56	1.24	1.00	0.83	0.70	0.61	0.53	0.47	0.38	0.320

尽管水力最优断面在相同流量下过水断面面积最小，但从经济、技术和管理等方面综合考虑，它有一定的局限性。应用于较大型的渠道时，由于深挖高填，施工开挖工程量及费用大，维持管理也不方便；流量改变时水深变化较大，给灌溉、航运带来不便。其实，设计渠道断面时，在一定范围内取较大的宽深比 β 值，仍然可以让过水断面面积 A 十分接近水力最优断面的面积 A_m。应该考虑综合各种因素，不采用水力最优断面也可以达到既安全又经济的目的。

四、允许流速

就明渠水流来说，渠道中若流速过大，则发生冲刷；反之，则产生淤积。因此，一条设计合理的渠道应满足

$$v'' < v < v' \tag{1-66}$$

式中，v'' 为最小允许流速，与水流条件及水流的挟砂特性等多方面因素有关，可以按经验公式或有关经验选取，也称为不淤积流速。是保证含沙水流中挟带的泥沙不致在渠道淤积的允许流速下限，可参考有关文献。

v' 为最大允许流速，由土壤的种类和护面情况决定，即土壤种类、颗粒大小和密实程度，或决定于渠道的衬砌材料，以及渠中流量等因素。可以根据免遭冲刷的最大允许流速确定，也称不冲流速。

表 1-11 为我国某水利部门多年总结的各种渠道不冲的最大允许流速，可供设计明渠时选用。表 1-12 为土质渠道。

表 1-11　渠道的不冲允许流速 v'

坚硬岩石和人工护面渠道	流量范围/（$\mathrm{m^3 \cdot s^{-1}}$）		
	<1	1~10	>10
软质水成岩（泥灰岩、页岩、软砾岩）	2.5	3.0	3.5

坚硬岩石和人工护面渠道	流量范围/ ($m^3 \cdot s^{-1}$)		
	<1	1~10	>10
中等硬质水成岩（致密砾质、多孔石灰岩、层状石灰岩、白云石灰岩、灰质砂岩）	3.5	4.25	5.0
硬质水成岩（白云砂岩、砂质石灰岩）	5.0	6.0	7.0
结晶岩、火成岩	8.0	9.0	10.0
单层块石铺砌	2.5	3.5	4.0
双层块石铺砌	3.5	4.5	5.0
混凝土护面	6.0	8.0	10.0

表 1-12 土质渠道

土质		不冲允许流速/ ($m \cdot s^{-1}$)		说 明
均质黏性土	轻壤土	0.60~0.80		
	中壤土	0.65~0.85		
	重壤土	0.70~1.0		
	黏土	0.75~0.95		
	土质	粒径/mm	不冲允许流速/ ($m \cdot s^{-1}$)	（1）均质黏性土各种土质的干容重为 12.75~16.67 kN/m^3
均质无黏性土	极细砂	0.05~0.1	0.35~0.45	（2）表中所列为水力半径 $R = 1$ m 的情况。当 $R \neq 1$ m 时，应将表中数值乘以 R^α 才得相应的不冲允许流速
	细砂、中砂	0.25~0.5	0.45~0.60	（3）对于砂、砾石、卵石和疏松的壤土、黏土，$\alpha = 1/3 \sim 1/4$
	粗砂	0.5~2.0	0.60~0.75	（4）对于密实的壤土、黏土，$\alpha = 1/4 \sim 1/5$
	细砾石	2.0~5.0	0.75~0.90	
	中砾石	5.0~10.0	0.90~1.10	
	粗砾石	10.0~20.0	1.10~1.30	
	小卵石	20.0~40.0	1.30~1.80	
	中卵石	40.0~60.0	1.80~2.20	

还有其他类型的允许流速，如：为阻止渠床上植物滋生所要求的流速下限，一般为 v 大于 0.6 m/s，防止淤泥沉积，应有 v 大于 0.2 m/s，为防止淤沙，应有 v 大于 0.4 m/s，航道中应有保证航运要求的流速上限等。

子学习情境三　明渠均匀流的水力计算

明渠均匀流的水力计算，可分为两类。

一类是对已建成的渠道，根据生产运行要求，进行某些必要的水力计算，例如，求流量；求某渠段水流的水力坡度 J（$=i$）；求某渠段通水后的糙率；绘制渠道运用期间的水深流量关系曲线等。

另一类是为设计新渠道进行水力计算，如确定底宽 b、水深 h、底坡 i 等。这两类计算都是应用明渠均匀流基本公式进行计算的问题。

在实际工程中，梯形断面渠道应用最广，现以梯形渠道为例，说明经常遇到的几种水力计算方法。

由明渠均匀流计算的基本公式和梯形断面各水力要素的计算公式可得

$$Q = AC\sqrt{Ri} = A\frac{1}{n}R^{2/3}\sqrt{i} = \frac{\sqrt{i}}{n}\frac{[(b+mh)h]^{5/3}}{(b+2h\sqrt{1+m^2})^{2/3}} \tag{1-67}$$

从上式中可看出 $Q = f(b, h, m, n, i)$。已知五个数据，用上式可求另一个未知数据，有时可从上式中直接求出，有时则要求解复杂的高次方程，相当困难。为此，将两类问题从计算方法角度加以统一研究。只要掌握这些方法，就能顺利进行明渠均匀流的各项水力计算。

一、直接求解法

如果已知其他五个数值，要求流量 Q，或要求糙率 n，或要求底坡 i，只要应用基本公式，进行简单的代数运算，就可直接求到结果。现用例子说明。

[例 1-7] 有一预制的混凝土渡槽，断面为矩形，底宽 $b = 1.0$ m，底坡 $i = 0.005$，均匀流水深 $h_0 = 0.5$ m，糙率 $n = 0.014$，求通过的流量及流速。

解：矩形断面，边坡系数 $m = 0$，代入基本公式（1-67）得

$$Q = \frac{\sqrt{i}}{n}\frac{[bh]^{5/3}}{(b+2h)^{2/3}} = \frac{\sqrt{0.005}(0.5)^{5/3}}{0.014(2)^{2/3}} = 1.0\ (m^2/s)$$

$$v = \frac{Q}{bh} = \frac{1}{0.5} = 2.0\ (m/s)$$

[例 1-8] 某一干渠为梯形断面，其流量为 $Q = 16$ m^3/s，边坡系数 $m = 1.5$，底宽 $b = 3.0$ m，水深 $h_0 = 2.84$ m，底坡 $i = 0.00017$，求渠道的糙率 n。

解：

$$A = (b+mh)h = (3+1.5\times2.84)\times2.84 = 20.62\,(m)$$

$$v = \frac{Q}{A} = \frac{16}{20.62} = 0.78\,(m/s)$$

$$\chi = b+2h\sqrt{1+m^2} = 3+5.68\sqrt{3.25} = 13.24\,(m)$$

$$R = \frac{A}{\chi} = \frac{20.62}{13.24} = 1.56\,(m)$$

由式（1-49）得

$$n = \frac{R^{2/3}\sqrt{i}}{v} = \frac{(1.56)^{\frac{2}{3}}\sqrt{0.00017}}{0.78} = 0.0223$$

[例 1-9] 有一顺直的渠道，原设计流量为 2.5 m^3/s，岸边长有水草，渠中有少量乱石，实际测量其底坡为 0.0005，底宽为 3.0 m，渠水深为 1.0 m，边坡系数为 1.5，令渠水流动为均匀流，试校核渠道的输水能力并计算其流速。

解：已知 $b = 3.0$ m，$h = 1.0$ m，$m = 1.5$，查表 $n = 0.030$ 则有

$$A = (b + mh)h = (3.0 + 1.5 \times 1.0) \times 1 = 4.5 (\text{m}^2)$$

$$\chi = b + 2h\sqrt{1 + m^2} = 3.0 + 2 \times 1.0\sqrt{3.25} = 6.60 (\text{m})$$

$$R = \frac{A}{\chi} = \frac{4.5}{6.60} = 0.68 (\text{m})$$

$$Q = \frac{A}{n}R^{\frac{2}{3}}i^{\frac{1}{2}} = \frac{4.5}{0.030} \times (0.68)^{\frac{2}{3}}(0.000\,5)^{\frac{1}{2}} = 2.46\ \text{m}^3/\text{s} \approx 2.5(\text{m}^3/\text{s})$$

因此输水能力基本满足要求，即

$$v = \frac{Q}{A} = \frac{2.46}{4.5} = 0.55(\text{m/s})$$

二、试算法

如果已知其他五个数值，要求正常水深 h_0，或要求底宽 b，其求法还有一种为设计渠道断面尺寸，这种问题在基本公式中表达 b 和 h 的关系式都是高次方程，不能采用直接求解法，而只能采用试算法或者图解法。

方法如下：假设若干个 h 值，代入基本公式，计算相应的 K 值；若所得的 K 值与已知的 $K_0 = \dfrac{Q}{\sqrt{i}}$ 相等，相应的 h 值即为所求。实际上，试算第一、二次常不能得出结果。多试验几个 h 值，若大了调小，小了则要调大，通常试验的次数达到七八次时就与真实值很接近了。

为了减少试算工作，可假设三五个 h 值，即 h_1、h_2、h_3、…、h_5，求出相应的 $K_1 K_2 K_3 \cdots K_5$，画成 $K = f(h)$ 曲线。然后从曲线上由已知 $K_0 = \dfrac{Q}{\sqrt{i}}$ 的值求出 h。若要求的是 b，则和求 h 的试算法一样，此时画的曲线是 $K = f(b)$。

下面举例说明。

[**例 1 - 10**] 有土渠断面为梯形，边坡系数 $m = 1.5$，糙率 $n = 0.025$，底宽 $b = 4$ m，底坡 $i = 0.000\,6$，求通过流量 $Q = 9.0$ m^3/s 时均匀流水深（正常水深）h_0。

解：由于 $K_0 = \dfrac{Q}{\sqrt{i}} = \dfrac{9.0}{\sqrt{0.000\,6}} = 367.3$ （m^3/s）

可用列表法，将各试算数据列出，见表 1 - 13。

表 1 - 13 例 1 - 10 表

b	m	h	A	χ	R	$\sqrt{R}$	n	C	$\sqrt{i}$	K
4		1.0	5.50	7.6	0.72	0.85		37.9		117.14
4		1.2	6.92	8.3	0.83	0.91		38.8		244.49
4	1.5	1.4	8.54	9.0	0.95	0.98	0.025	39.7	$\dfrac{2.45}{100}$	332.24
4		1.5	9.40	9.4	1.00	1.00		40.0		374.29
4		1.49	9.29	9.37	0.99	0.99		39.9		366.96

由上表知，当 $K = 366.96 \approx 367$（即 K_0）时，对应的 $h = 1.49$ m，即为 h_0（上面的试算结果中也可以不用 K，直接采用流量 Q 也可以）。另外当数学功底足够时，也可以求解正常水深，即应用先进的现代化手段可求解出

正常水深 $h_0 = 1.49$ m。

也可以将上表中的前四行中选取的水深和流量模数即 K 和 h 的相应值绘在方格坐标上，得到 $K = f(h)$ 曲线，如图 1 - 35 所示。由 $K_0 = 367.3$ m³/s 在曲线上查得相应的水深 $h_0 = 1.48$ m。

另外试算法也可直接根据基本公式进行，而不必列出上述表格分项计算，可自行练习，这里不做限定。

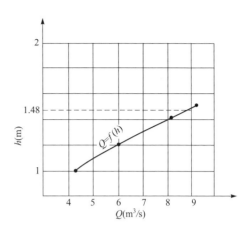

图 1 - 35　$K = f(h)$ 曲线

［例 1 - 11］　某干渠全长 9.5 km，输送流量 $Q = 13$ m³/s，渠道沿线所经地区为壤土地带，糙率 $n = 0.025$，底坡 $i = 1/3\,500$，$m = 1.5$，已定正常水深为 $h_0 = 2$ m，求渠底宽 b。

解：由前面的基本公式（1 - 67）有

$$Q = \left[\frac{\sqrt{i}}{n} \frac{[(b + mh)h]^{5/3}}{(b + 2h\sqrt{1 + m^2})^{2/3}} \right] = 0.676 \frac{[(b + 3)2]^{5/3}}{(b + 7.2)^{2/3}}$$

假设 $b = 3，4，5，6$，算出相应的 Q 值见表 1 - 14。

表 1 - 14　Q 值

$b/$m	3	4	4.5	6
$Q/$（m³·s⁻¹）	9.04	10.98	11.96	14.96

$Q = f(b)$ 曲线，如图 1 - 36 所示，由曲线可查得 $Q = 13$ m³/s 时的 $b = 5$ m。

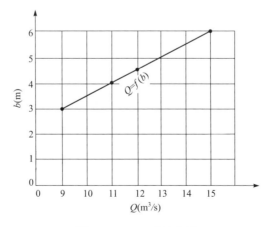

图 1 - 36　$Q = f(b)$ 曲线

子学习情境四　复式断面渠道的水力计算

明渠复式断面（Compound Cross_Section）由两个或三个单式断面组成，例如天然河道中的主槽和边滩。在人工渠道中，如果要求通过的最大流量与最小流量相差很大，也常采用复式断面。它与单式断面比较，能更好地控制淤积，减少开挖量。这部分内容在公路工程地质等相关科目中也都有阐述。

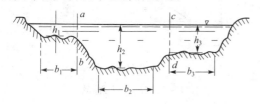

图 1-37　天然河道的复式断面

图 1-37 表示一天然河道的复式断面。在主槽两侧，有左、右边滩，流量应各自分算，其原因有二：第一，主槽的粗糙系数较一般边滩的小，如果把复式断面作为一个整体，就会容易在粗糙系数的估计上造成较大的偏差；第二，滩地水深，亦即水力半径一般较小，如果不实行分算，就会因边滩的影响，使复式断面的整体流速算的结果偏低。在极端情况下，例如边滩甚宽而水深很小时，这样算出的流量甚至小于仅是主槽部分的流量，这显然是不合理的。

分算的办法是在边滩内缘作铅垂线 ab 和 cd，把主槽和边滩分开，按整体流量等于各部分流量之和，有

$$Q = Q_1 + Q_2 + Q_3 \qquad (1-68)$$

亦即

$$K\sqrt{J} = K_1\sqrt{J_1} + K_2\sqrt{J_2} + K_3\sqrt{J_3}$$

而式中：J、J_1、J_2、J_3 为断面整体和各部分的水面坡度，在均匀流中是相等的。

在此，关于明渠复式断面的例子这里就不一一列举了。

复习思考题

1. 有一明渠均匀流，过流断面如图所示。$B = 1.2$ m，$r = 0.6$ m，$i = 0.0004$。当流量 $Q = 0.55$ m³/s 时，断面中心线水深 $h = 0.9$ m，问此时该渠道的糙率 n 应为多少？

2. 有一条长直的矩形断面明渠，过流断面宽 $b = 2$ m，水深 $h = 0.5$ m。若流量变为原来的两倍，水深变为多少？假定谢才系数 C 不变。

3. 为测定某梯形断面渠道的糙率 n 值，选取 $l = 150$ m 长的均匀流段进行测量。已知渠底宽度 $b = 10$ m，边坡系数 $m = 1.5$，水深 $h_0 = 3.0$ m，两断面的水面高差 $\Delta z = 0.3$ m，流量 $Q = 50$ m³/s，试计算 n 值。

4. 某梯形断面渠道中的均匀流，其流量 $Q = 20$ m³/s，渠道底宽 $b = 5.0$ m，水深 $h = 2.5$ m，边坡系数 $m = 1.0$，糙率 $n = 0.025$，试求渠道底坡 i。

5. 一路基排水沟需要通过的流量 Q 为 1.0 m³/s，沟底坡度 i 为 4/1 000，水沟断面采用梯形，并用小片石干砌护面，$n = 0.02$，边坡系数 m 为 1。试按水力最优断面条件决定此排水沟水流为均匀流时的断面尺寸。

6. 有一输水渠道，在岩石中开凿，采用矩形过流断面。$i = 0.003$，$Q = 1.2$ m³/s。令水流为均匀流，试按水力最优断面条件设计断面尺寸。

学习情境四　明渠非均匀流

学习目标：掌握明渠非均匀流的四种基本水力现象
充分理解断面比能、临界水深、水跃的概念
能力目标：掌握判别明渠水流流态的三种方法
能够计算矩形断面、梯形断面的临界水深
掌握临界水深方程

　　学习上一情境后了解到，由于产生明渠均匀流的条件非常严格，自然界中的水流条件很难满足，所以实际的人工渠道或天然河道中的水流绝大多数是非均匀流。明渠非均匀流的特点是底坡线、水面线、总水头线彼此互不平行（如图 1 – 38 所示）。产生明渠非均匀流的原因很多，例如明渠横断面的几何形状或尺寸的沿流程改变，粗糙度或底坡沿流程改变，在明渠中修建水工建筑物（闸、桥梁、涵洞等），都能使明渠水流产生非均匀流。

　　在明渠非均匀流中，根据流线的不平行和弯曲程度，也分为明渠非均匀渐变流和明渠非均匀急变流，若流线是接近于相互平行的直线，或流线间夹角很小、流线的曲率半径很大，这种水流称为明渠非均匀渐变流。反之，则为明渠非均匀急变流。本章主要研究非均匀渐变流的基本特征和其水流要素沿程的变化规律，有助于解决水渠这类工程的防洪及防淤积等问题。

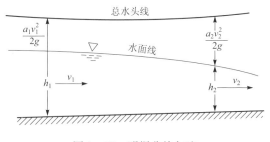

图 1 – 38　明渠非均匀流

子学习情境一　明渠水流的三种流态

　　明渠水流有的比较平缓，例如灌溉渠道中的水流和平原地区江河中的水流。如果在明渠水流中有一障碍物，便可观察到障碍物上水深降低，障碍物前水位壅高能逆流上传到较远的地方，如图 1 – 39（a）所示；而像山区河道中的水流、过坝下溢的水流、跌水、瀑布和险滩地的水流等，水流流的非常湍急，如遇障碍物仅在石块附近隆起，障碍物上水深增加，障碍物干扰的影响不能向上游传播，如图 1 – 39（b）所示。以上情况表明，明渠水流存在两种不同的流态。即缓流和急流。其实介于两者之间的，还有第三种流态，即临界流。

　　明渠水流要判别流态，还可以用一个量纲为 1 的佛汝德数（Froude number）来判断，符号为 F_r

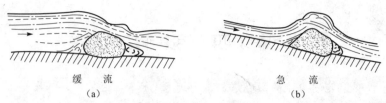

缓 流   急 流
(a)   (b)

图 1-39 明渠水流
(a) 缓流；(b) 急流

$$F_r = \frac{v}{\sqrt{g\bar{h}}} \qquad\qquad (1-69)$$

当 $F_r < 1$，水流为缓流；

$F_r = 1$，水流为临界流；

$F_r > 1$，水流为急流。

佛汝德数在水力学中是一个极其重要的判别数，为了加深理解它的物理意义，可把它的形式改写为

$$F_r = \frac{v}{\sqrt{g\dfrac{A}{B}}} = \frac{v}{\sqrt{g\bar{h}}} = \sqrt{\dfrac{\dfrac{v^2}{2g}}{\dfrac{h}{2}}} \qquad\qquad (1-70)$$

由上式可以看出，佛汝德数是表示过水断面单位重量液体平均动能与平均势能之比的二倍开平方，这个比值大小的不同，反映了水流流态的不同。

子学习情境二 断面比能与临界水深

一、明渠非均匀流现象

只要是明渠均匀流的任一条件不满足都将发生明渠非均匀流，明渠非均匀流与明渠均匀流的水力特性不同。明渠非均匀流所受的重力沿流线的分力与摩擦阻力不平衡，它是一种变速、变深的流动，水面线通常是曲线，也称为水面曲线。

前面学过，在明渠非均匀流中，有渐变流和急变流两种类型。

从水面曲线的角度来看，明渠非均匀流具有如下几个基本水力现象。

1. 壅水

明渠非均匀流中，水深沿程增加的水力现象。

2. 降水

沿着流程水深减小的水力现象。

3. 水跌

在底坡突然降低或底坡由缓坡变陡折变处附近局部渠段内，水面曲线急剧下降的水力现象。

4. 水跃

渠中水深在局部渠段内呈现突然增大的水力现象，通常在水跌发生之后衔接水跃的一种呈波状或旋涡状的水流现象。

上述的四种基本水力现象都是局部干扰的结果，但是在长直的棱柱形的断面渠道中，远离桥、涵、闸、坝等各类水工构造物这些局部的干扰，仍然可以有均匀流存在。

二、断面比能

如图 1-40 所示为一渐变流，若以 0-0 为基准面，则过水断面上单位重量液体所具有的总能量为

$$E = z + \frac{\alpha v^2}{2g} = z_0 + h\cos\theta + \frac{\alpha v^2}{2g} \qquad (1-71)$$

式中，θ 为明渠底面与水平面的倾角。

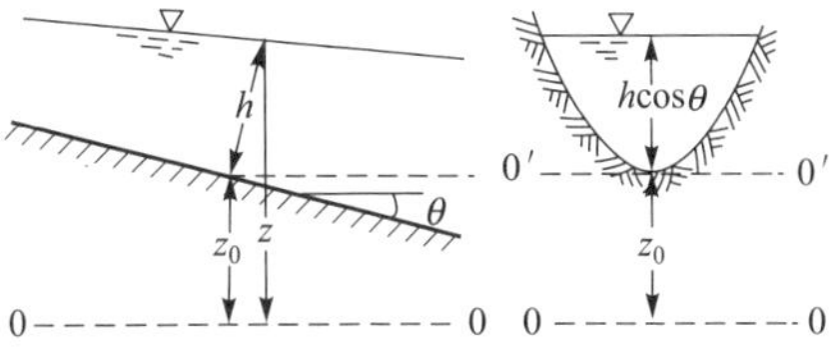

如果把参考基准面选在渠底这一特殊位置，把对通过渠底的水平面 $0'-0'$ 所计算得到的单位能量称为断面比能，并以 E_s 来表示，则有

$$E_s = h\cos\theta + \frac{\alpha v^2}{2g} \qquad (1-72)$$

图 1-40 渐变流

具体的在实用上，因一般明渠底坡较小，可认为 $\cos\theta \approx 1$，因此断面必能经常采用，即

$$E_s = h + \frac{\alpha v^2}{2g} \qquad (1-73)$$

也就是

$$E_s = h + \frac{\alpha Q^2}{2gA^2} \qquad (1-74)$$

由上述的式（1-73）知，断面比能 E_s 是过水断面上单位重量液体总能量 E 的一部分，二者相差的数值就是两个基准面之间的高差 z_0。由上式可知，当流量 Q 和过水断面的形状及尺寸一定时，断面比能仅仅是水深的函数，即 $E_s = f(h)$，按照此函数关系可以绘出断面比能随水深变化的曲线，该曲线称为比能曲线。很明显，要具体绘出一条比能曲线必须首先给定流量 Q 和渠道断面的形状及尺寸。对于一个已经给定尺寸的渠道断面，当通过不同流量时，其比能曲线是不相同的；同样，对某一指定的流量，渠道断面的形状及尺寸不同时，其比能曲线也是不相同的。

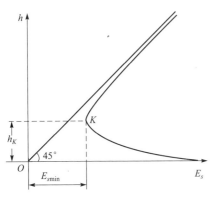

图 1-41 比能曲线

假定已经给定某一流量和渠道断面的形状及尺寸，现在来定性地讨论一下比能曲线的特性。由式（1-74）可知，若过水断面积 A 是水深 h 的连续函数，当 $h \to 0$ 时，$A \to 0$，则 $\frac{\alpha Q^2}{2gA^2} \to \infty$，故 $E_s \to \infty$。

当 $h \to \infty$ 时，$A \to \infty$，则 $\frac{\alpha Q^2}{2gA^2} \to 0$，因而 $E_s \to h \to \infty$。

若以 h 为纵坐标，以 E_s 为横坐标，根据上述讨论，绘出的比能曲线如图 1-41 所示，曲线的下端以横坐标轴为渐近线，上端以与坐标轴成 45°夹角并通过原点的直线为渐近线。该曲线在 K 点断面比能有最小值 $E_{s\min}$。K 点把曲线分成上下两支。在上支，断面比能随水深的增加而增加；在下支，断面比能随水深的增加而减小。

另外，由式（1-71）中可以看出

$$E_s = E - z_0, \ \text{故} \ \frac{\mathrm{d}E_s}{\mathrm{d}s} = \frac{\mathrm{d}E}{\mathrm{d}s} - \frac{\mathrm{d}z_0}{\mathrm{d}z}, \ \text{而} \ \frac{\mathrm{d}z_0}{\mathrm{d}s} = -i, \ \frac{\mathrm{d}E_s}{\mathrm{d}s} = -\frac{\mathrm{d}h_w}{\mathrm{d}s} = -J, \ \text{故}$$

$$\frac{\mathrm{d}E_s}{\mathrm{d}s} = i - J \tag{1-75}$$

对于明渠均匀流，$i = J$，$\frac{\mathrm{d}E_s}{\mathrm{d}h} = 0$，即断面比能沿程不变，这是因为明渠均匀流水深 h_0 及流速 v 沿程不变。

在明渠非均匀流中，对于平坡 $i = 0$ 和逆坡 $i < 0$ 的渠道，根据方程（1-75），$\frac{\mathrm{d}E_s}{\mathrm{d}s}$ 总是负值，即 $\frac{\mathrm{d}E_s}{\mathrm{d}s} < 0$。这说明断面比能在此情况下总是沿程减少的；而在顺坡渠道 $i > 0$ 的情形，断面比能沿程变化的情况，则要由坡度 $J = -\mathrm{d}E/\mathrm{d}s$ 与底坡 i 的相对大小来决定。因为非均匀流 $i \neq J$。如果水流的能量损失强度（坡度）$J < i$，则 $\mathrm{d}E_s/\mathrm{d}s > 0$，反之，如水流的能量损失强度 $J > i$，则 $\mathrm{d}E_s/\mathrm{d}s < 0$。

由此可见：断面比能沿程变化表示明渠水流的不均匀程度，因此，在明渠非均匀流中，断面比能 E_s 的性质就有着特殊重要的意义。

如果将式（1-74）对 h 取导数，可以进一步了解比能曲线的变化规律

$$\frac{\mathrm{d}E_s}{\mathrm{d}h} = \frac{\mathrm{d}}{\mathrm{d}h}\left(h + \frac{\alpha Q^2}{2gA^2}\right) = 1 - \frac{\alpha Q^2}{gA^3}\frac{\mathrm{d}A}{\mathrm{d}h} \tag{1-76}$$

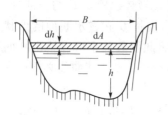

图 1-42　横断面图

因在过水断面上 $\frac{\mathrm{d}A}{\mathrm{d}h}$ 为过水断面 A 由于水深 h 的变化所引起的变化率，它恰等于水面宽度，如图 1-42 所示，即

$$\frac{\mathrm{d}A}{\mathrm{d}h} = B \tag{1-77}$$

代入上式，得

$$\frac{\mathrm{d}E_s}{\mathrm{d}h} = 1 - \frac{\alpha Q^2 B}{gA^3} = 1 - \frac{\alpha v^2}{g\dfrac{A}{B}} \tag{1-78}$$

若取 $\alpha = 1.0$，则上式可写为

$$\frac{\mathrm{d}E_s}{\mathrm{d}h} = 1 - F_r^2 \tag{1-79}$$

上式说明，明渠水流的断面比能随水深的变化规律取决于断面上的佛汝德数。对于缓流，$F_r < 1$，则 $\frac{\mathrm{d}E_s}{\mathrm{d}h} > 0$，相当于比能曲线的上支，断面比能随水深的增加而增加；对于急流，$F_r > 1$，则 $\frac{\mathrm{d}E_s}{\mathrm{d}h} < 0$，相当于比能曲线的下支，断面比能随水深的增加而减少；对于临界流，$F_r = 1$，则 $\frac{\mathrm{d}E_s}{\mathrm{d}h} = 0$，相当于比能曲线上下两支的分界点，断面比能为最小值。

三、临界水深

临界水深是水流处于临界状态时的水深，是指在断面形式和流量给定的条件下，相应于

断面比能最小值时的水深。亦即 $E_s = E_{s\min}$ 时，$h = h_K$，如图 1-41 所示。

临界水深 h_K 的计算公式可根据上述定义得出。

令 $\dfrac{dE_s}{dh} = 0$，以求 $E_s = E_{s\min}$ 时的水深 h_K，由式（1-78）得

$$1 - \frac{\alpha Q^2 B_K}{g A_K^3} = 0 \tag{1-80}$$

或

$$\frac{\alpha Q^2}{g} = \frac{A_K^3}{B_K} \tag{1-81}$$

上式便是求临界水深的普遍式，称为临界水深方程。式中等号的左边是已知值，右边 B_K 及 A_K 为相应于临界水深的水力要素，均是 h_K 的函数，故可以确定 h_K。由于 A^3/B 一般是水深 h 的隐函数形式，故常采用试算或作图的办法来求解。

对于给定的断面，设各种 h 值，依次算出相应的 A、B 和 $\dfrac{A^3}{B}$ 值。以 $\dfrac{A^3}{B}$ 为横坐标，以 h 为纵坐标作图，如图 1-43 所示。

由式（1-81）知，图中对应于 $\dfrac{A^3}{B}$ 恰等于 $\dfrac{\alpha Q^2}{g}$ 的水深 h 便是 h_K。

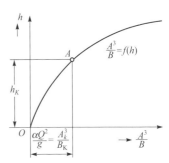

图 1-43 h 与 $\dfrac{A^3}{B}$ 的关系

对于矩形断面的明渠水流，其临界水深 h_K 可用以下关系式求得。

此时，矩形断面的水面宽度 B 等于底宽 b，代入临界水深方程（1-81）便有

$$\frac{\alpha Q^2}{g} = \frac{(b h_K)^3}{b}$$

得

$$h_K = \sqrt[3]{\frac{\alpha Q^2}{g b^2}} = \sqrt[3]{\frac{\alpha q}{g}} \tag{1-82}$$

式中 $q = \dfrac{Q}{b}$，称为单宽流量。可见，在宽 b 一定的矩形断面的明渠中，水流在临界水深状态下，$Q = f(h_K)$。利用这种水力性质，工程上出现了有关测量流量的简便设施。

对于无压圆管水流，其临界水深 h_K 也可从式（1-81）推得，这里不再赘述。

四、临界坡、缓坡和陡坡

若在流量和断面形状、尺寸一定的棱柱体明渠中，当水流作均匀流时，如果改变明渠的底坡，相应的均匀流正常水深 h_0 亦随之而改变。如果变至某一底坡，其均匀流的正常水深 h_0 恰好与临界水深 h_K 相等，此坡度定义为临界底坡。

若已知明渠的断面形状及尺寸，当流量给定时，在均匀流的情况下，可以将底坡与渠中正常水深的关系绘出图 1-44 所示的曲线图。可以看出，当底坡 i 增大时，正常水深 h_0 将减小；反之，当底坡 i 减小时，正常水深 h_0 将增大。从该曲线上能找出一个正常水深恰好与临界水深相等的 K 点。曲线上 K

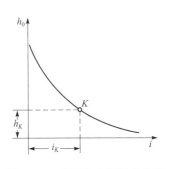

图 1-44 底坡与水深关系曲线

点所对应的底坡 i_K 即为临界底坡。

在临界底坡上作均匀流时，它要满足临界流方程

$$\frac{\alpha Q^2}{g} = \frac{A_K^3}{B_K}$$

同时满足均匀流的基本方程式

$$Q = A_K C_K \sqrt{R_K i_K}$$

联解上述二式可得临界底坡的计算式为

$$i_K = \frac{g A_K}{\alpha C_K^2 R_K B_K} = \frac{g \chi_K}{\alpha C_K^2 B_K} \qquad (1-83)$$

式中，R_K、χ_K、C_K 为渠中水深为临界水深时所对应的水力半径、湿周、谢才系数。

由式（1-83）不难看出，明渠的临界底坡 i_K 与断面形状、尺寸、流量及渠道的糙率有关，而与渠道的实际底坡无关。

一个坡度为 i 的明渠，与其相应（即同流量、同断面尺寸、同糙率）的临界底坡相比较可能有三种情况，根据可能出现的不同情况，可将明渠的底坡分为如下三种。

（1）$i < i_K$，$h_0 > h_K$，为缓坡；

（2）$i = i_K$，$h_0 = h_K$，为临界坡；

（3）$i > i_K$，$h_0 < h_K$，为陡坡。

由图 1-44 可以看出，明渠水流为均匀流时，若 $i < i_K$，则正常水深 $h_0 > h_K$；若 $i > i_K$，则正常水深 $h_0 < h_K$；若 $i = i_K$，则正常水深 $h_0 = h_K$。所以在明渠均匀流的情况下，用底坡的类型就可以判别水流的流态，即在缓坡上的均匀流为缓流，在陡坡上的均匀流为急流，在临界坡上的均匀流为临界流，但是应该强调的是，这种判别只能适用于均匀流的情况。

另外，上述关于渠底坡度的缓、急之称，是相对于一定流量而言的。对于某一渠道，底坡已经确定，但当流量改变时，所对应的 h_K（或 i_K）也发生变化，从而该渠道是缓坡或陡坡类型也可能随之改变。

总之，判别水流形态的方法主要有如下三种。

（1）佛汝德数（F_r），1 为界限值。

（2）临界水深（h_K）。

（3）临界底坡（i_K）。

[**例 1-12**] 一条长直的矩形断面渠道（$n = 0.02$），宽度 $b = 5$ m，正常水深 $h_0 = 2$ m 时通过的流量 $Q = 40$ m³/s。试分别用 h_K、i_K、F_r 及 v_K 来判别该明渠水流的缓、急状态。

解：对于矩形断面明渠有三种判别方法。

（1）应用临界水深判别

$$h_K = \sqrt[3]{\frac{\alpha Q^2}{g b^2}} = \sqrt[3]{\frac{1 \times 40^2}{9.80 \times 5^2}} = 1.87(\text{m})$$

所以，$h_0 = 2$ m $> h_K = 1.87$ m，此水流为缓流。

（2）应用临界坡度判别

$$i_K = \frac{Q^2}{K_K^2}, \text{而} K_K = A_K C_K \sqrt{R_K}$$

其中

$$A_K = b h_K = 5 \times 1.87 = 9.35(\text{m}^2)$$

$$\chi_K = b + 2h_K = 5 + 2 \times 1.87 = 8.74\,(\text{m})$$

$$R_K = \frac{A_K}{\chi_K} = \frac{9.35}{8.74} = 1.07\,(\text{m})$$

$$K_K = A_K C_K \sqrt{R_K} = A_K \frac{1}{n} R_K^{1/6} R_K^{1/2} = \frac{A_K}{n} R_K^{2/3} = \frac{9.35}{0.02} \times 1.07^{2/3} = 489\,(\text{m}^3/\text{s})$$

即

$$i_K = \frac{Q^2}{K_K^2} = \frac{40^2}{489^2} = 0.006\ 9$$

$$i = \frac{Q^2}{K^2},\ \text{而}\ K = AC\sqrt{R}$$

其中

$$A = bh_0 = 5 \times 2 = 10\,(\text{m}^2)$$

$$\chi = b + 2h_0 = 5 + 2 \times 2 = 9\,(\text{m})$$

$$R = \frac{A}{\chi} = \frac{10}{9} = 1.11\,(\text{m})$$

$$K = AC\sqrt{R} = \frac{A}{n} R^{2/3} = \frac{10}{0.02} \times 1.11^{2/3} = 536.0\,(\text{m}^3/\text{s})$$

所以

$$i = \frac{Q^2}{K^2} = \frac{40^2}{536^2} = 0.005\ 6$$

可见 $i = 0.005\ 6 < i_K = 0.006\ 9$，此水流为缓流。

（3）应用佛汝德数判别

$$F_r^2 = \frac{\alpha v^2}{gh}$$

由于

$$h = h_0 = 2\,(\text{m})$$

$$v = \frac{Q}{A} = \frac{Q}{bh_0} = \frac{40}{5 \times 2} = 4\,(\text{m/s})$$

所以

$$F_r^2 = \frac{\alpha v^2}{gh} = \frac{1 \times 4^2}{9.80 \times 2} = 0.816 < 1$$

可见 $F_r < 1$，此时水流为缓流。

子学习情境三 非均匀渐变流的微分方程及水面曲线的定性分析

一、明渠渐变流的基本微分方程

明渠中水面曲线的分析和计算在实际工程中具有重要的意义。而水面曲线的分析和计算是从明渠恒定非均匀流必须满足的基本微分方程而得出的，下面就来讨论其微分方程。

由上节的内容可知，断面必能随水深及流程的变化规律，即

$$\frac{\mathrm{d}E_s}{\mathrm{d}s} = i - J$$

$$\frac{\mathrm{d}E_s}{\mathrm{d}h} = 1 - \frac{\alpha Q^2 B}{g A^3} = 1 - \frac{\alpha v^2}{g\frac{A}{B}} = 1 - F_r^2$$

因此 $$\frac{\mathrm{d}h}{\mathrm{d}s} = \frac{i - j}{1 - F_r^2} \qquad (1-84)$$

式（1-84）即是明渠非均匀渐变流的基本微分方程，它是反映水深沿程变化规律的关系式。

二、棱柱形渠道中恒定非均匀渐变流水面曲线定性分析

1. 水面曲线定性分析必备的条件

棱柱形渠道中的断面尺寸、流量、糙率及底坡均已知，另外渠道要无限长，即长度足够，水面曲线才可在渠中充分发展。

从明渠非均匀渐变流的微分方程上看出，水深 h 沿程变化规律和渠道底坡 i 及实际水流的流态有关。因此分析水面曲线应该根据底坡和流态进行。

2. 明渠底坡

由前面知识可知底坡有三种：顺坡（$i>0$）、逆坡（$i<0$）和平坡（$i=0$）。其中顺坡又可分为缓坡、临界坡和陡坡，因此底坡共有五种情况。且在这五种情况的底坡中，可以将水流分区。

由于对于顺坡渠道水流有可能形成均匀流，因此存在正常水深 h_0，此时明渠均匀流的水面线即称为 $N-N$ 线。而在棱柱体渠道中，若流量、断面尺寸、断面形状等一定时，则临界水深相同，各断面临界水深线称为 $K-K$ 线，$N-N$ 线、$K-K$ 线都与底坡线平行，在上述的五种底坡上的 $N-N$ 线、$K-K$ 线等的分布情况如图 1-45 所示。即依次为缓坡、临界坡、陡坡、平坡和逆坡五种。

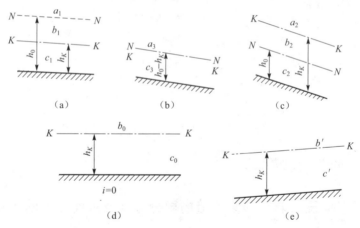

图 1-45　水面线和水深线的分布

(a) 缓坡；(b) 临界坡；(c) 陡坡；(d) 平坡；(e) 逆坡

于是就将底坡上的空间由 $N-N$ 线、$K-K$ 线将其分成不同的区域，一般有如下几个规定。

（1）a 区：水面线位于 $N-N$ 线和 $K-K$ 线之上的流区。

（2）b 区：水面线位于 $N-N$ 线和 $K-K$ 线之间的流区。它有两种情况：$N-N$ 线在 $K-K$ 线之上的缓坡明渠或 $N-N$ 线在 $K-K$ 线之下的陡坡明渠。

（3）c 区：水面线位于 $N-N$ 线和 $K-K$ 线之下底坡之上的流区。

同时为方便区分不同底坡上的流区，特别规定：缓坡（$0<i<i_K$,）为"1"类，下脚标为"1"；陡坡（$i>i_K>0$）为"2"类，下脚标为"2"；临界坡（$i=i_K>0$）为"3"类，下脚标为

"3"；逆坡（$i < 0$）为"4"类，上脚标为"'"；平坡（$i = 0$）为"0"类，下脚标为"0"。

由上述可知明渠中共有 12 种流区，分别是 a_1、b_1、c_1、a_2、b_2、c_2、a_3、c_3、b'、c'、b_0、c_0 水面曲线。

3. 水面曲线定性分析

下面以缓坡渠道为例进行说明。

1）a_1 型曲线

曲线中 $h > h_0 > h_K$，水流为缓流，所以 $J < I$，$F_r < 1$，$\dfrac{\mathrm{d}h}{\mathrm{d}l} > 0$，即水深是沿程增加的。所以 a_1 型曲线为壅水曲线。对于 a_1 型曲线的发展趋势，则向上游，当 $h \to h_0$ 时，$J \to i$，则 $\dfrac{\mathrm{d}h}{\mathrm{d}l} \to 0$，即水深沿程不变，也就是向上游以 $N - N$ 线为渐近线。向下游，水深越来越大，极限情况 $h \to \infty$，则 $A \to \infty$，$v \to 0$，此时 $F_r \to 0$，$J \to 0$，则 $\dfrac{\mathrm{d}h}{\mathrm{d}l} = i$，即水深沿程变化率和底坡 i 相同，只是变化方向相反，因此下游则以水平线为渐近线，如图 1 - 46（a）所示。

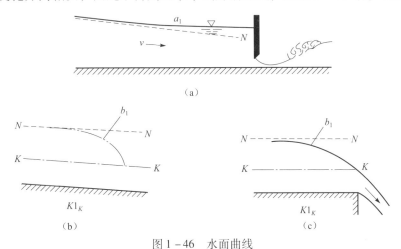

（a）

（b）　　　　　　　　　　（c）

图 1 - 46　水面曲线

2）b_1 型水面曲线

如图 1 - 46（b）所示，曲线中 $h_0 > h > h_K$，水流为缓流，所以 $J < i$，$F_r < 1$，$\dfrac{\mathrm{d}h}{\mathrm{d}l} < 0$，即水深是沿程减小的。所以 b_1 型曲线为降水曲线。对于 b_1 型曲线的发展趋势，则向上游，当 $h \to h_0$ 时，$J \to i$，则 $\dfrac{\mathrm{d}h}{\mathrm{d}l} \to 0$，即水深沿程不变，也就是向上游以 $N - N$ 线为渐近线。向下游，水深越来越小，极限情况 $h \to h_K$，此时 $F_r \to 1$，则 $\dfrac{\mathrm{d}h}{\mathrm{d}l} \to -\infty$，当水深接近 h_K，水面曲线有与 $K - K$ 线相垂直的趋势，这仅仅是一种理论的结果，实际此时水流已不属于渐变流，所以以虚线绘出上游 $h_1 = (0.95 \sim 0.99)h_0$，下游 $h_2 = h_K$。

3）c_1 型水面曲线

$0 < i < i_K$，$h_0 > h_K$，水流为缓流，曲线的断面水深 $h < h_K < h_0$ 位于 c_1 区，有 $\dfrac{\mathrm{d}h}{\mathrm{d}l} > 0$，即水深是沿程增加的壅水曲线。对于 c_1 型曲线的发展趋势，则向上游，以急流控制断面水深为起始水深（例如收缩断面水深等），向下游，$h \rightarrow h_K$，$F_r \rightarrow 1$，则 $\dfrac{\mathrm{d}h}{\mathrm{d}l} \rightarrow +\infty$，水流穿越 $K - K$ 线时，渠道中将出现水跃与下游水面曲线衔接，如图 1-46（c）所示。

其余的 9 种水面曲线，根据上述的分析思路自行分析，书中附有水面曲线分析表，供参考。

总的来说，分析水面曲线，遵循如下五个规律。

（1）在 a、c 区内的水面曲线是水深沿程增加的壅水曲线，而 b 区的水面曲线则是水深沿程减小的降水曲线。

（2）水面曲线与正常水深线 $N - N$ 渐近相切。

非均匀流动中，当 $h \rightarrow h_0$ 时，水深沿程不再变化，水流称为均匀流动。

（3）水面曲线与临界水深线 $K - K$ 呈正交趋势。

但是实际水流仍要向下游流动，因而水流便越出渐变流的范围而形成了急变流动的水跃或水跌现象。

（4）水面曲线在向上、下游无限抬升时将趋于水平线。

（5）在临界坡渠道（$i = i_K$）的情况下，$N - N$ 线与 $K - K$ 线重合。

4. 水面曲线的计算与绘制

对棱柱体明渠均匀渐变流水面曲线做了前面的定性分析，在工程实践中也需要定量了解水深沿程变化，即确定水面曲线的位置，其实理论上讲只需对微分方程积分就可以，但积分非常困难，通常采用分段求和法。它适用于各种明渠水流情况，由前面内容推导出的断面比能沿程变化微分方程为

$$\frac{\mathrm{d}E_s}{\mathrm{d}s} = i - J$$

假定在微小距离 Δl 段内 E_s、j 成线性变化，现将其改写成差分方程形式为

$$\frac{\mathrm{d}E_s}{\Delta l} = i - \bar{j} \quad \text{或} \quad \Delta l = \frac{\Delta E_s}{i - \bar{j}} = \frac{E_{s_2} - E_{s_1}}{i - \bar{j}} \tag{1-85}$$

式中，E_{s_2}、E_{s_1} 分别表示 Δl 段上下两断面的断面比能；

$\bar{j}$ 表示流段的平均水力坡度，$\bar{j} = \dfrac{1}{2}(J_1 + J_2)$，$J$ 可以根据 $J = Q^2/K^2 = \dfrac{Q^2}{A^2 C^2 R}$ 计算得出。

具体的计算绘制曲线实例这里就不再列举了，见表 1-15，也可以参考相关书籍阅读和学习。

表 1-15　曲线实例

	水面曲线简图	工程实例
$i < i_K$		

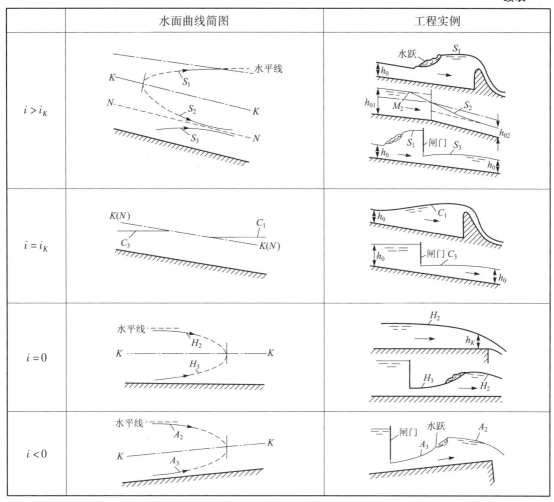

	水面曲线简图	工程实例
$i > i_K$		
$i = i_K$		
$i = 0$		
$i < 0$		

子学习情境四　水跌与水跃

前面讲述了明渠非均匀流的四种基本水力现象，具体来说，其中的水跌和水跃都是明渠非均匀流中的急变流，是不同流态转换的局部水力现象。明渠急变流是在自然界和工程中十分常见的一类水流现象，典型的例子有：堰（Weirs）、闸（Sluice）和弯道水流，以及水跃、水跌等。由于在水面曲线分析和计算中，经常遇到流态的过渡问题，故本节着重介绍水跃和水跌两种局部的水力现象。另一方面，在工程实际问题中，常利用水跃来消除泄水建筑物下游高速水流的巨大动能，以便确保下游建筑物的安全。

一、水跌

当明渠水流由缓流过渡到急流的时候，水面会在短距离范围内急剧降落，这种水流现象称为水跌。水跌发生在明渠底坡突变或有跌坎处，其上、下游流态分别为缓流和急流，如图 1-47（a）、（b）所示。由于边界的突变，水流底部和下游的受力条件显著改变，使重力占主导地位，它力图将水流的势能转变成动能，从而使水面急剧下降，形成局部的急变流流段，水面急剧地从临界水深线之上降落到临界水深线之下。

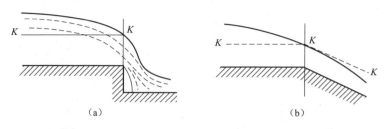

图 1-47　水跃

根据明渠渐变流水面线的理论分析，水跃上游的水面下降不会低于临界水深，水跃下游的水深小于临界水深，因此转折断面上的水深 h_D 应等于临界水深，所以在进行明渠恒定渐变流的水面曲线分析时通常近似取 $h_D = h_K$ 控制水深。

二、水跃

水跃是明渠水流从急流状态过渡到缓流状态时水面突然跃起的局部水力现象，如图 1-48 所示。它可以在溢洪道下、洪水闸下、跌水下游形成，也可以在平坡渠道闸下出流时形成。

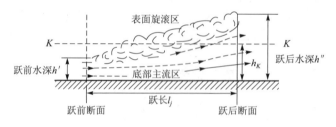

图 1-48　水跃

在水跃发生的流段内，流速大小及其分布不断变化。水跃区域的上部旋滚区充满着剧烈翻滚的旋涡，并掺入大量气泡，称为表面旋滚区；在底部流速很大，主流接近渠底，受下游缓流的阻遏，在短距离内水深迅速增加，水流扩散，流态从急流转变为缓流，称为扩散主流区。表面旋滚区和扩散主流区之间存在大量的质量和动量交换，不能截然分开。

水跃是明渠急变流的重要水流现象，它的发生不仅增加了上、下游水流衔接的复杂性，还引起大量的能量损失，是实际工程中有效的消能方式。在闸、陡槽等泄水建筑物的下游，一般都会有水跃的产生。

1. 水跃发生的形式

它有完整水跃和不完整水跃（也称不完整水跃）两种形式。

（1）完整水跃发生在棱柱形渠道，其跃前水深 h' 和跃后水深 h'' 相差显著的水跃。这种水跃发生时，水表面有旋滚的水跃，消耗的能量相对多。

（2）不完整水跃是指水跃发生时，水面只能产生一系列的波浪，波峰沿程减小直至消失，这种形式的水跃称为波状水跃，该水跃发生时消耗的能量小于完整水跃。

2. 共轭水深

它指水跃发生前后断面的水深，用 h' 和 h'' 表示，它们之间具有相互依存的关系，称为共轭水深，习惯上称上述的共轭水深分别为第一共轭水深和第二共轭水深。共轭水深的计算此处忽略，可以参阅相关资料自学。

3. 水跃长度

水跃长度是消能建筑物（尤其是建筑物下游加固保护段）的尺寸设计的主要依据之一，但是到目前为止，关于水跃长度的确定还没有可供应用的理论公式，虽然经验公式很多，但彼此相差较大。

根据明渠流的性质和实验的结果，目前采用的经验公式多以 h'、h'' 和来流的佛汝德数 F_{r_1} 为自变量。下面介绍几个常用的平底矩形断面明渠水跃长度计算的经验公式。

（1）以跃后水深表示的，如

$$l_j = 6.1h'' \qquad\qquad (1-86)$$

美国垦务局公式

该式适用范围为 $4.5 < F_{r_1} < 10$。

（2）以水跃高度表示的，如

$$l_j = 6.9(h'' - h') \qquad\qquad (1-87)$$

Elevatorski 公式

长科院根据资料将系数取为 $4.4 \sim 6.7$。

（3）以 F_{r_1} 表示的，如

$$l_j = 10.8h'(F_{r_1} - 1)^{0.93} \qquad\qquad (1-88)$$

成都科技大学公式

该式是根据宽度为 $0.3 \sim 1.5$ m 的水槽上 $F_{r_1} = 1.72 \sim 19.55$ 的实验资料总结而来的

$$l_j = 9.4h'(F_{r_1} - 1) \qquad\qquad (1-89)$$

陈椿庭公式

关于平底梯形渠中的水跃长度的公式这里就不再一一列举了，可以查阅相关书籍。

复习思考题

1. 试求矩形断面的明渠均匀流在临界状态下，水深与断面单位能量之间的关系。

2. 平板和逆坡渠道的断面单位能量，有无可能沿程增加（可从 $E_s = E - z_0$ 出发进行分析）？

3. 判别水流流态的方法有哪几种，怎样判别？

4. 有一梯形土渠，底宽 $b = 12$ m，断面边坡系数 $m = 1.5$，粗糙系数 $n = 0.025$，通过流量 $Q = 18$ m³/s，求临界水深及临界坡度。

5. 有一顺直小河，断面近似矩形，已知 $b = 10$ m，$n = 0.04$，$i = 0.03$，$\alpha = 1.0$，$Q = 10$ m³/s，试判别在均匀流情况下的水流状态（急流还是缓流）。

学习情境五 堰流与下游消能

学习目标：掌握堰流的定义，能够对其进行分类
掌握堰流的作用
能力目标：了解泄水建筑物下游的消能形式和措施

堰流和闸下出流属于急变流的范畴，其水头损失以局部水头损失为主，沿程水头损失往往忽略不计。这种水流形式在实际工程中应用极其广泛，如在水利工程中，常用作引水灌溉、泄洪的水工建筑物；在给排水工程中，堰流是常用的溢流设备和量水设备；在交通土建工程中，宽顶堰流理论是小桥涵孔水力计算的基础。

子学习情境一 堰流及其分类

无压缓流经障壁溢流时，上游发生壅水，然后水面降落，这一局部水流现象称为堰流，障壁称为堰。障壁对水流具有两种形式的作用，其一是侧向收缩，例如桥涵；其二是底坝的约束，如闸坝等水工建筑物。研究堰流的目的在于探讨堰流的过流能力 Q 与堰流其他特征量的关系，从而解决工程中有关水力学的问题。

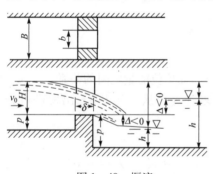

图 1 - 49 堰流

如图 1 - 49 所示，表征堰流的特征量有：堰宽 b，即水流漫过堰顶的宽度；堰前水头 H，即堰上游水位在堰顶上的最大超高；堰壁厚度 δ 和它的剖面形状；下游水深 h 及下游水位高出堰顶的高度 Δ；堰上、下游高 P 及 P'；行近流速 v_0 等。根据堰流的水力特点，可按 δ/H 的大小将堰划分为三种基本类型。

（1）薄壁堰（$\delta/H < 0.67$），水流越过堰顶时，堰顶厚度 δ 不影响水流的特性，如图 1 - 50（a）所示。薄壁堰根据堰口的形状，一般分为矩形堰、三角堰和梯形堰等。薄壁堰主要用作量测流量的一种设备。

（2）实用堰（$0.67 < \delta/H < 2.5$），堰顶厚度 δ 对水舌的形状已有一定影响，但堰顶水流仍为明显弯曲向下的流动。实用堰的纵剖面可以是曲线形，如图 1 - 50（b）所示，也可以是折线形，如图 1 - 50（c）所示。工程上的溢流建筑物常属于这种堰。

（3）宽顶堰（$2.5 < \delta/H < 10$），堰顶厚度 δ 已大到足以使堰顶出现近似水平的流动，如图 1 - 50（d）所示，但其沿程水头损失还未达到显著的程度而仍可以忽略。水利工程中的引水闸底坝即属于这种堰。

当 $\delta/H > 10$ 时，沿程水头损失逐渐起主要作用，不再属于堰流的范畴。

堰流形式虽多，但其流动却具有一些共同特征。水流趋近堰顶时，流股断面收缩，流速增大，动能增加而势能减小，故水面有明显降落。从作用力方面看，重力作用是主要的。堰顶流速变化大，且流线弯曲，属于急变流动，惯性力作用也显著；在曲率大的情况下有时表面张力也有影响，因溢流在堰顶上的流程短（$0 \leq \delta \leq 10H$），黏性阻力作用小。在能量损失

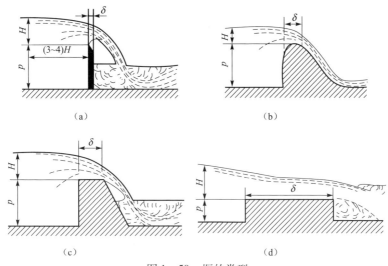

图 1 - 50　堰的类型

（a）薄壁堰；（b）实用堰（曲线型）；（c）实用堰（折线型）；（d）宽顶堰

上主要是局部水头损失，沿程水头损失可忽略不计（如宽顶堰和实用堰），或无沿程水头损失（如薄壁堰）。由于上述共同特征，堰流基本公式可具有同样的形式。

影响堰流性质的因素除了 δ/H 以外，堰流与下游水位的连接关系也是一个重要因素。当下游水深足够小，不影响堰流性质（如堰的过流能力）时，称为自由式堰流，否则称为淹没式堰流。开始影响堰流性质的下游水深称为淹没标准。此外，当堰宽 b 小于上游渠道宽度 B 时，称为侧收缩堰，当 $b = B$ 时则称为无侧收缩堰。

子学习情境二　堰流的基本公式

一、基本计算公式

如图 1 - 51 所示，现用能量方程式来推求堰流计算的基本公式。

对堰前断面 0 - 0 及堰顶断面 1 - 1 列出能量方程，以通过堰顶的水平面为基准面。其中，0 - 0 断面为渐变流，而 1 - 1 断面由于流线弯曲属急变流，过水断面上测压管水头不为常数，故用 $\left(z + \dfrac{p}{\gamma}\right)$ 表示 1 - 1 断面上测压管水头的平均值。由此可得

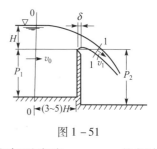

图 1 - 51

$$H + \frac{\alpha_0 v_0^2}{2g} = \left(z + \frac{p}{\gamma}\right) + (\alpha_1 + \xi)\frac{v_1^2}{2g}$$

式中，v_1 为 1 - 1 断面的平均流速；v_0 为 0 - 0 断面的平均流速，即行近流速；α_0、α_1 是相应断面的动能修正系数；ξ 为局部损失系数。

设 $H + \dfrac{\alpha_0 v_0^2}{2g} = H_0$，其中 $\dfrac{\alpha_0 v_0^2}{2g}$ 为行近流速水头，H_0 称为堰顶总水头。

令 $\overline{\left(z + \dfrac{p}{\gamma}\right)} = \xi H_0$，$\xi$ 为某一修正系数，则上式可改写为

$$H_0 - \xi H_0 = (\alpha_1 + \xi)\frac{v_1^2}{2g}$$

即

$$v_1 = \frac{1}{\sqrt{\alpha_1 + \xi}}\sqrt{2g(H_0 - \xi H_0)}$$

因为堰顶过水断面一般为矩形，设其断面宽度为 b。$1-1$ 断面的水舌厚度用 kH_0 表示，k 为反映堰顶水流垂直收缩的系数，则 $1-1$ 断面的过水面积应为 $kH_0 b$ ，通过的流量为

$$Q = kH_0 bv = kH_0 b \frac{1}{\sqrt{\alpha_1 + \xi}}\sqrt{2g(H_0 - \xi H_0)} = \varphi k\sqrt{1-\xi}b\sqrt{2g}H_0^{3/2}$$

式中，$\varphi = \dfrac{1}{\sqrt{\alpha_1 + \xi}}$ 称为流速系数。

令 $\varphi k\sqrt{1-\xi} = m$ ，称为堰的流量系数，则有

$$Q = mb\sqrt{2g}H_0^{3/2} \tag{1-90}$$

式（1-90）虽是针对矩形薄壁堰推导而得到的流量公式，如仿照上述方法，对实用堰和宽顶堰进行流量公式推导，将得出与式（1-90）同形式的流量公式，只是流量系数所代表的数值不同。因此式（1-90）称为堰流基本公式。

在实际工程中，堰顶水头 H 的量测是很方便的，但计算行近流速 v_0 ，则需先知流量，而流量需由式（1-90）算出。由于式中 H_0 包括行近流速水头，应用式（1-90）计算流量就很不方便。为了避免这点，可将堰流的基本公式改用堰顶水头 H 表示，即

$$Q = m_0\sqrt{2g}bH^{3/2} \tag{1-91}$$

式中，$m_0 = m(1 + \alpha_0 v_0^2/2gH)^{3/2}$ ，为计及行近流速的堰流流量系数。

从上面的推导可以看出：影响流量系数的主要因素是 φ、k、ξ，即 $m = f(\varphi, k, \xi)$。其中，φ 主要是反映局部水头损失的影响；k 是反映堰顶水流垂直收缩的程度；而 ξ 则是代表堰顶断面的平均测压管水头与堰顶总水头之间的比例系数。显然，所有这些因素除与堰顶水头 H 有关外，还与堰的边界条件，例如，上游堰高 P 以及堰顶进口边缘的形状等有关。所以，不同类型，不同高度的堰，其流量系数也不相同。

实际应用时，有时下游水位较高或下游堰高较小影响了堰的过流能力，这种堰流称为淹没溢流。此时，可用小于 1 的淹没系数 σ 表明其影响，因此淹没式的堰流基本公式可表示为

$$Q = \sigma mb\sqrt{2g}H_0^{3/2} \tag{1-92}$$

或

$$Q = \sigma m_0 b\sqrt{2g}H^{3/2} \tag{1-93}$$

当堰顶过流宽度小于上游来流宽度或是堰顶设有闸墩及边墩时，过堰水流就会产生侧向收缩，减少有效过流宽度，并增加局部阻力，从而降低过流能力。

为考虑侧向收缩对堰流的影响，可采用两种处理方法，一种和淹没堰流影响一样，在堰流基本公式中乘以侧向收缩系数 ε；另一种是将侧向收缩的影响合并在流量系数中考虑。

二、堰流的水流特点和过流能力

1. 薄壁堰

薄壁堰流由于具有稳定的水头和流量关系，因此，常作为水力模型试验或野外流量测量中一种有效的量水工具。另外，工程上广泛应用的曲线型实用堰，其外形一般按照矩形薄壁堰流水舌下缘曲线设计。所以，薄壁堰流的研究具有实际意义，如图 1-52 所示为矩形薄壁

堰流，另外还有三角形薄壁堰。

薄壁堰在形成淹没溢流时，下游水面波动较大，溢流很不稳定。所以，一般情况下量水用的薄壁堰不宜在淹没条件下工作。当堰下游水位高于堰顶且下游发生淹没水跃时，将会影响堰流性质，形成淹没式堰流。

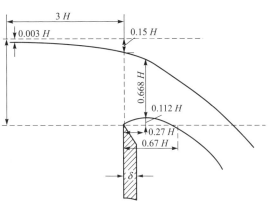

图 1-52 薄壁堰

2. 实用堰流

实用堰主要用作蓄水挡水建筑物——坝，或净水建筑物的溢流设备。根据堰的专门用途和结构本身的稳定性要求，其剖面可设计成曲线或折线两类，如图 1-53 和图 1-54 所示。

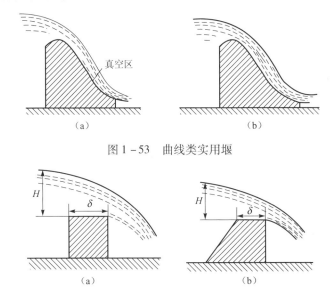

图 1-53 曲线类实用堰

图 1-54 折线类实用堰

3. 宽顶堰流

许多水工建筑物的水流性质，从水力学的观点来看，一般都属于宽顶堰流。例如，小桥桥孔的过水，无压短涵管的过水，水利工程中的节制闸、分洪闸、泄水闸，灌溉工程中的进水闸、分水闸、排水闸等，当闸门全开时都具有宽顶堰的水力性质。因此，宽顶堰理论与水工建筑物的设计有密切的关系。宽顶堰上的水流现象是很复杂的。根据其主要特点，抽象出的计算图形如图 1-55（自由式）及图 1-56（淹没式）所示。

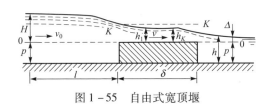

图 1-55 自由式宽顶堰

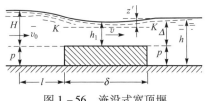

图 1-56 淹没式宽顶堰

1）自由式无侧收缩宽顶堰

宽顶堰上水流的主要特点，可以认为：自由式宽顶堰流在进口不远处形成一收缩水深 h_1（即水面第一次降落），此收缩水深 h_1 小于堰顶断面的临界水深 h_K，形成流线近似平行于堰顶的渐变流，最后在出口（堰尾）水面再次下降（水面第二次降落），如图 1-55 所示。

自由式无侧收缩宽顶堰的流量计算可采用堰流基本公式（1-90）得出

$$Q = mb \sqrt{2g} H_0^{1.5}$$

式中，流量系数 m 与堰的进口形式以及堰的相对高度 p/H 等有关，可按经验公式计算。

对于直角进口，有

$$m = 0.32 \quad [(p/H) > 3]$$

$$0.32 + 0.01 \frac{3 - (p/H)}{0.46 + 0.75(p/H)} \quad [0 \leqslant (p/H) \leqslant 3]$$

对于圆角进口（当 $r/H \geqslant 0.2$，r 为圆进口圆弧半径），有

$$m = 0.36 \quad [(p/H) > 3]$$

$$0.36 + 0.01 \frac{3 - (p/H)}{1.2 + 1.5(p/H)} \quad [0 \leqslant (p/H) \leqslant 3]$$

宽顶堰的流量系数最大不超过 0.385，因此，宽顶堰的流量系数 m 的变化范围应在 0.32～0.385 之间。

2）淹没式无侧收缩宽顶堰

自由式宽顶堰堰顶水深 h_1 小于临界水深 h_K，即堰顶上的水流为急流。由图 1-55 可知，当下游水位低于坎高，即 $\Delta < 0$ 时，下游水流绝对不会影响堰顶水流的性质。因此，$\Delta > 0$ 是下游水位影响堰顶水流的必要条件，即 $\Delta > 0$ 是形成淹没式堰的必要条件。至于形成淹没式堰流的充分条件，是下游水位影响堰顶上的水流使其由急流转变为缓流。但是由于堰壁的影响，堰下游水流情况复杂，因此使其发生淹没水跃的条件也较复杂。目前用理论分析来确定淹没充分条件尚有困难，在工程实际中，一般采用实验资料来加以判别。通过实验，可以认为淹没式宽顶堰的充分条件是

$$\Delta = h - p' \geqslant 0.8 H_0 \tag{1-94}$$

当满足条件式（1-94）时，为淹没式宽顶堰。

3）侧收缩宽顶堰

如堰前引水渠道宽度 B 大于堰宽 b，则水流流进堰后，在侧壁发生分离，使堰流的过水宽度实际上小于堰宽，同时也增加了局部水头损失。若用侧收缩系数 ε 考虑上述影响，则自由式侧收缩宽顶堰的流量公式为

$$Q = m\varepsilon b \sqrt{2g} H_0^{1.5} = mb_c \sqrt{2g} H_0^{1.5} \tag{1-95}$$

式中，$b_c = \varepsilon \beta$，称为收缩堰宽，收缩系数 ε 可用经验公式

$$\varepsilon = 1 - \frac{a}{\sqrt[3]{0.2 + (p/H)}} \sqrt[4]{\frac{b}{B}} \left(1 - \frac{b}{B}\right) \tag{1-96}$$

计算。其中 a 为墩形系数：直角边缘 $a = 0.19$，圆角边缘 $a = 0.1$。

若为淹没式侧收缩宽顶堰，即

$$Q = \sigma mb_c \sqrt{2g} H_0^{1.5} \tag{1-97}$$

［例 1-13］ 求流经直角进口无侧收缩宽顶堰的流量 Q。已知堰顶水头 $H = 0.85$ m，

坎高 $p = p' = 0.50$ m，堰下游水深 $h = 1.10$ m，堰宽 $b = 1.28$ m，取动能修正系数 $\alpha = 1.0$。

解： 首先判明此堰是自由式还是淹没式，即

$$\Delta = h - p' = 1.10 - 0.50 = 0.60 \text{ m} > 0$$

所以淹没式的必要条件满足，但

$$0.8 H_0 > 0.8 H = 0.8 \times 0.85 = 0.68 \text{ m} > \Delta$$

则淹没式的充分条件不满足，故此堰是自由式。

计算流量系数 m：

因 $p/H = 0.50/0.85 = 0.588 < 3$，则由式（1−90）得

$$m = 0.32 + 0.01 \frac{3 - 0.588}{0.46 + 0.75 \times 0.588} = 0.347$$

计算流量 Q：

由于 $H_0 = H + \dfrac{\alpha Q^2}{2g [b(H + p)]^2}$，代入式（1−90）得

$$Q = mb \sqrt{2g} H_0^{1.5} = mb \sqrt{2g} \left[H + \frac{\alpha Q^2}{2gb^2(H + p)^2} \right]^{1.5}$$

在计算中常采用迭代法解此高次方程。将有关数据代入上式，得

$$Q = 0.347 \times 1.28 \times \sqrt{2 \times 9.8} \times \left[0.85 + \frac{1.0 \times Q^2}{2 \times 9.8 \times 1.28^2 (0.85 + 0.50)^2} \right]^{1.5}$$

得迭代式

$$Q_{(n+1)} = 1.966 \times \left[0.85 + \frac{Q_{(n)}^2}{58.525} \right]^{1.5}$$

式中，下标 n 为迭代循环变量。

取初值（$n = 0$）$Q_{(0)} = 0$，得

第一次近似值：$Q_{(1)} = 1.966 \times 0.85^{1.5} = 1.54$（$\text{m}^3/\text{s}$）

第二次近似值：$Q_{(2)} = 1.966 \times \left[0.85 + \dfrac{1.54^2}{58.525} \right]^{1.5} = 1.65$（$\text{m}^3/\text{s}$）

第三次近似值：$Q_{(3)} = 1.966 \times \left[0.85 + \dfrac{1.65^2}{58.525} \right]^{1.5} = 1.67$（$\text{m}^3/\text{s}$）

现

$$\left| \frac{Q_{(3)} - Q_{(2)}}{Q_{(3)}} \right| = \frac{1.67 - 1.65}{1.67} \approx 0.01$$

若此计算误差小于要求的误差限值，则 $Q \approx Q_3 = 1.67$（m^3/s）。

当计算误差限值要求为 ε 值，要一直计算到

$$\left| \frac{Q_{(n+1)} - Q_{(n)}}{Q_{(n+1)}} \right| \leqslant \varepsilon$$

为止，则 $Q \approx Q_{(n+1)}$。

校核堰上游是否为缓流：

由

$$v_0 = \frac{Q}{b(H + p)} = \frac{1.67}{1.28 \times (0.85 + 0.50)} = 0.97 (\text{m/s})$$

则

$$F_r = \frac{v_0}{\sqrt{g(H + p)}} = \frac{0.97}{\sqrt{9.8 \times (0.85 + 0.50)}} = 0.267 < 1$$

故上游水流确为缓流。缓流流经障壁形成堰流，因此上述计算有效。

由上述计算可知，用迭代法求解宽顶堰流量高次方程是一种行之有效的方法，但计算十分烦琐，可用计算机语言编制程序来求解。

子学习情境三　泄水建筑物下游的消能

一、消能的形式

在堰、闸下游，陡坡渠道的尾端，桥涵出口，跌水等处的水流，其流速较高，会冲刷河床，危及水工建筑物的安全。为了把引起冲刷的水流能量在比较短的区域内消除而设置的消能措施，称为消能工。消能工的形式较多，按作用的基本形式可划分为以下三种。

1. 底流型衔接消能

在紧接泄水建筑物的下游修建消能池，使水跃在池内形成，借水跃实现急流向下游河道中缓流的衔接过渡，并利用水跃消能除余能。由于衔接段主流在底部，故称为底流型衔接消能，如图 1 - 57 （a）所示。

2. 面流型衔接消能

在泄水建筑物尾端修建低于下游水位的跌坎，将宣泄的高速急流导向下游水流的表层，并受其顶托而扩散。坎后形成的底部旋滚，既可隔开主流与河床，以免其直接冲刷河床，又可消除余能。由于衔接段高流速主流在表层，故称为面流型衔接消能，如图 1 - 57 （b）所示。

3. 挑流型衔接消能

在泄水建筑物尾端修建高于下游水位的挑流鼻坎，将宣泄水流抛射向空中再跌落到远离建筑物的下游，形成的冲刷坑不致影响建筑物的安全。挑流水舌潜入冲刷坑水垫中所形成的两个旋滚可消除大部分余能。这种方式称为挑流型衔接消能，如图 1 - 57 （c）所示。

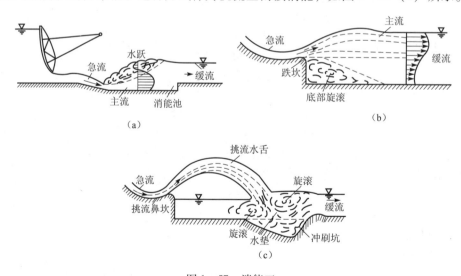

图 1 - 57　消能工
（a）底流型；（b）面流型；（c）挑流型

以上三种底流式衔接都是通过水跃消能，但它们的消能效率和工程保护的范围却不相同。远离水跃衔接因有较长急流段要保护而不经济；淹没水跃衔接，若淹没程度过大则消能效率降低，水跃段长度也比较大；临界水跃衔接消能效率较高，需要保持的范围也最短，但要避免水跃位置不够稳定的缺点。因此，工程中采用稍有淹没的水跃衔接和消能。

二、消能池

根据泄水建筑物下游地基情况，消能池可分为降低护坦和在护坦末端加筑消能坎两种基本形式。如图 1–58 所示。

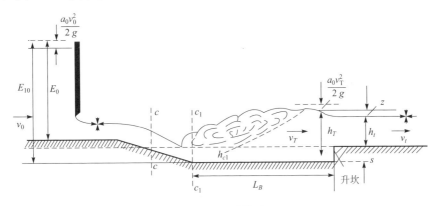

图 1–58 消能池

降低护坦式消能池的设计原则是让池内发生稍有淹没的水跃，使出池水流为缓流，以便与下游河道缓流平稳衔接，类似于淹没宽顶堰流。

关于消能池的水力计算，这里就不作详述了。

三、闸下出流

闸门主要用来控制和调节河流或水库中的流量。闸下出流和堰流不同，堰流上下游水面线是连续的，闸下出流上下游水面线被闸门阻隔中断。因此，闸下出流的水流特征和过水能力与堰流有所不同。闸下的过水能力受闸门形式、闸前水头、闸门开度、闸底坎类型和下游水位等因素的影响。

闸下出流的形式分为自由式闸下出流和淹没式闸下出流两种，但要注意，淹没出流会引起闸门振动，工程应用时应当尽量避免这种出流方式。

复习思考题

1. 什么是堰流？堰流是如何分类的？
2. 按堰壁厚度和堰顶水头的关系，堰的作用分别是什么？
3. 泄水建筑物下游的消能方式有哪些？分析其在工程实践中有何应用？

阅 读 延 伸

阅读一：工程常见的流动现象

工程常见的流动现象有：孔口出流、管嘴出流、有压管流、明渠均匀流、明渠非均匀流、堰流和闸下出流以及渗流等现象，前面已经对明渠均匀流、堰流和闸下出流作了简要的介绍，现在分别对未涉及的内容作以介绍。

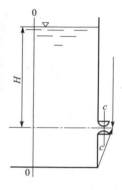

图1　孔口出流

一、孔口出流

液体（多指水）经容器壁孔口流出的水力现象，称为孔口出流，如图1所示。

当容器中水位（或压强）不变，孔口的出流量恒定时，称为恒定出流；而当容器壁比较薄，或孔口具有锐缘时，孔口的壁厚对出流没有干扰作用，称为薄壁孔口；液体从容器的四面八方流向孔口，流线成光滑曲线向孔口断面集中，在孔口断面上流线不互相平行，继续收缩到孔口断面距孔口断面 $d/2$（d 是孔口直径）处，流线才趋于平行，该断面称为收缩断面，也就是图1中的 $c-c$ 断面。其中收缩断面的面积 A_c 小于孔口面积 A，其比值 $\varepsilon = A_c/A$ 则称为收缩系数。当孔口断面尺寸远小于作用水头 H 时，如圆形孔口 $d/H \leqslant 0.1$ 时，$c-c$ 断面上各点流速暂可以认为相等，这时的孔口称为小孔口。

如图1中，选 $0-0$、$c-c$ 断面列能量方程，取通过孔口中心的水平面为零基准面，则

$$H + \frac{p_a}{\gamma} + \frac{\alpha_0 v_0^2}{2g} = 0 + \frac{p_c}{\gamma} + \frac{\alpha_c v_c^2}{2g} + h_w \tag{1}$$

如图1所示，假定容器内为水，孔口水流流入大气，称为自由出流，此时 $c-c$ 断面压强 P_c 为大气压强，h_w 为水流流经孔口时的局部水头损失，$h_j = \xi_c \dfrac{v_c^2}{2g}$

设　$H_0 = H + \dfrac{\alpha_0 v_0^2}{2g}$，$\alpha_c = 1.0$，则

$$H_0 = (1 + \xi_c) \frac{v^2}{2g} \tag{2}$$

$$v_c = \frac{1}{\sqrt{1 + \xi_c}} \sqrt{2gH_0} = \phi \sqrt{2gH_0} \tag{3}$$

式中：H_0 为作用水头（包括流速水头在内）；

ξ_c 为孔口局部阻力系数；

ϕ 为流速系数，$\phi = \dfrac{1}{\sqrt{1 + \xi_c}}$。

孔口出流的流量为 Q，有

$$Q = v_c A_c = \varepsilon \phi A \sqrt{2gH_0} = \mu A \sqrt{2gH_0} \qquad (4)$$

式中：$\mu = \phi \varepsilon$ 为孔口的流量系数，由经验测得，圆形小孔口 $\phi = 0.97 \sim 0.98$，$\mu = 0.60 \sim 0.62$。

值得注意的是：孔口在容器壁上的位置影响收缩的状况。当孔口的两边或一边同容器的壁或者底重合时，顺壁面流向孔口的流线是直线，孔口的这一边不发生收缩，也称非全部收缩；当孔口的边与相邻器壁的相距小于 3 倍孔口尺寸时，邻壁将影响孔口的收缩，也称为非完善收缩，以上情况下，收缩系数将比完善收缩时增大，薄壁小孔口完善收缩时，收缩系数 $\varepsilon = 0.64$。

对于 $d/H > 0.1$ 的大孔口，亦可以近似应用小孔口的公式，不同的是此时的 H_0 是大孔口形心上的作用水头，其流量系数见表 1。

表 1   大孔口的流量系数 μ 值表

边　界　条　件	流量系数
中等尺度的孔口，没有导墙，全部收缩	0.65
大孔，全部，不完善收缩	0.70
底部孔口，完善收缩	0.65 ~ 0.70
底部孔口，不完善收缩	0.70 ~ 0.75
底部孔口，侧面有导墙	0.80 ~ 0.85

二、管嘴出流

如图 2 所示，在孔口断面处，外接一直径与孔口吻合，而长为孔口直径的 3 ~ 4 倍的短管段，称为管嘴，水（或液体）经过管嘴并在出口处满管流出的水力现象，称为管嘴出流。

图 2 是圆柱形外管嘴，水（或液体）进入管嘴直至收缩断面 $c-c$ 的流动情况与孔口相同。由于收缩，使水（或液体）与管壁分离，形成漩涡区，之后水流再扩大断面充满整个管道断面后流出。假设水箱水位不变，表面为大气压强，则有

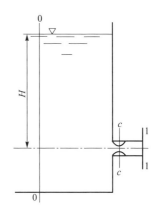

$$H_0 = H + \frac{\alpha_0 v_0^2}{2g} = \frac{\alpha v^2}{2g} + h_w$$

式中：h_w 为管嘴的水头损失，由于管嘴不长，通常忽略沿程水头损失，则 $h_w = \xi_n \dfrac{v^2}{2g}$。

图 2   管嘴出流

v 为管嘴出口断面的平均流速，最后得到的是

$$v = \frac{1}{\sqrt{\alpha + \xi_n}} \sqrt{2gH_0} \qquad (5)$$

由于 $Q = vA$，

所以
$$Q = \phi_n A \sqrt{2gH_0} = \mu_n A \sqrt{2gH_0} \qquad (6)$$

式中：ϕ_n 为管嘴的流速系数；

μ_n 为管嘴的流量系数，通过对管嘴的真空度分析，要使圆柱形管嘴正常工作需要满足管长 $l = (3 \sim 4)d$、$H_0 \leqslant 9$ m。若过短，流束将不能扩大到全管断面而呈孔口出流特征流程管嘴。若过长，则沿程水头损失的比重加大，忽略后误差加大。

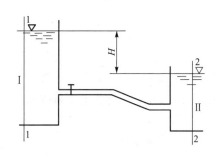

图 3　简单管道的短管

三、有压管流

液体沿管道做满管流动的水力现象称为有压管流。根据有压管流的运动要素的变化情况及管道的布置情况可以将其分为简单管道和串并联管道。

1. 简单管道

管径大小不变，没有分支的管道，通常称为简单管道。具体地如路基中的倒虹吸管涵、水泵的吸水管与压水管、管路中各等直径的管段等，均属于简单管路。简单管道有短管和长管之分。图 3 是简单管道的短管的淹没出流形式。两侧水位差为 H，选取上下游断面分别为 $1-1$ 和 $2-2$，以第二个水池的水面为零基准面，动能修正系数均看做 1，则列能量方程如下

$$H+0+\frac{\alpha_1 v_1^2}{2g}=0+0+\frac{\alpha_2 v_2^2}{2g}+h_w$$

式中：v_1 和 v_2 为断面 1 和 2 的平均流速；

$\quad\quad h_w$ 为自断面 $1-1$ 流到断面 $2-2$ 的全部水头损失。

通常，可以认为水池很大，$v_1 \approx v_2 \approx 0$，

所以

$$H = h_w = \left(\lambda\,\frac{l}{d} + \sum \xi\right)\frac{v^2}{2g} \tag{7}$$

式中：v 为管中流速；

$\quad\quad \lambda$ 为管道沿程阻力系数；

$\quad\quad l$ 为管道总长度；

$\quad\quad \sum \xi$ 为管道中各个局部阻力系数之和。

管中流量为

$$Q = vA \tag{8}$$

因此上面的式（7）可化为

$$H = h_w = \left(\lambda\,\frac{l}{d} + \sum \xi\right)\frac{Q^2}{2gA^2} \tag{9}$$

2. 复杂管道

两条以上管道组成的管道，称为复杂管道。它分为串联管道、并联管道和管网等类型。

1）串联管路

如图 4 所示，由三段不同管径的管段组成的管道，形成串联管道，连接点上有流量 q 流出，则各管段的流量 Q_1、Q_2、Q_3 的关系为

$$Q_1 = Q_2 + q \tag{10}$$

$$Q_2 = Q_3 + q \tag{11}$$

取 $1-1$ 断面和 D 断面列能量方程如下

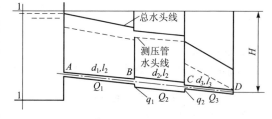

图 4　串联管道图示

$$H+0+0=0+0+\frac{\alpha_3 v_3^2}{2g}+h_{wA-D}$$

$$h_{wA-D} = h_{w1} + h_{w2} + h_{w3} = \sum_{1}^{3} h_{wi}$$

当管道 n 根不同直径的管段组成时有

$$h_w = \sum_{1}^{n} h_{wi} \tag{12}$$

对于图 4 所示的管道，有

$$h_{wA-D} = h_{w1} + h_{w2} + h_{w3}$$

$$= \left(\lambda_1 \frac{l_1}{d_1} + \sum \xi_1 \right) \frac{v_1^2}{2g} + \left(\lambda_2 \frac{l_2}{d_2} + \sum \xi_2 \right) \frac{v_2^2}{2g} + \left(\lambda_3 \frac{l_3}{d_3} + \sum \xi_3 \right) \frac{v_3^2}{2g} \tag{13}$$

式中：λ_1、λ_2、λ_3 为各管段的沿程阻力系数；

$\sum \xi_1$、$\sum \xi_2$、$\sum \xi_3$ 为各管段的局部阻力系数，管段连接处的局部损失，要根据阻力系数，对应的那段流速水头则计入该管段损失内（关于这部分内容，在本书的项目一的学习情境二中有详细的解释，读者可以回顾一下）。

2）并联管道

两条或者两条以上的管道在同一处分开，经过一段距离后又在同一处汇合，这些条管道就称为并联管道，如图 5 所示。

由于 A、B 两点是并联各管共有的。两点的测压管水头差 H_{AB} 可以看做是总水头差（$v_A \approx v_B$），所以，经过并联的任何一条管道流动的水头损失都是相等的，也就是和 H_{AB} 相等。

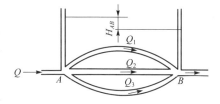

图 5　并联管道

$$h_{wAB} = h_{w1} = h_{w2} = h_{w3} = H_{AB} \tag{14}$$

可以将式（10）和式（11）与上式联立，对应得出并联管道中各段流经流量的比例关系。

四、渗流

1. 渗流的达西定律

液体在多孔介质中的流动，称为渗流。所谓多孔介质，即由固体骨架构成具有无数空隙的物质。工程中所指的多孔介质有土壤、沙石及有裂隙的岩石等。而液体中常见的有石油、天然气、水及化学试剂等。工程中地下水运动是常见渗流的实例。渗流计算理论在交通土建工程、水利工程、水文地质、石油开采等各方面都有重要的意义。例如，井、集水廊道、围堰施工等都需要研究渗流问题。近半个世纪以来，渗流理论在生物力学中也有重要应用。

研究渗流主要是分析水在岩土中的流动，即地下水运动。当含水率很大时，在岩土中流动的水，绝大部分为重力水，其自由表面称为浸润面或地下水水面，在平面问题中，称为浸润线或地下水面线，其表面压强等于大气压强。在重力水区内，岩土孔隙一般被水充满，又称为饱和区。这里着重介绍的是重力水的渗流规律。

1）岩土渗流特性岩土的渗流特性

其主要有两种。

（1）透水性——岩土透水的能力。

岩土都能透水，只是其透水能力大小有差别。工程中所指的不透水层，只是与相邻土层对比，其透水性可以忽略而已。按岩土的透水性能，可有以下四类。

① 均质岩土与非均质岩土——凡各点透水性能都相同的岩土，称为均质岩土。否则，

称为非均质岩土。

② 各向同性岩土与各向异性岩土——各个方向透水性都相同的岩土，称为各向同性岩土，或等向岩土。否则，称为各向异性岩土。

自然界中的岩土构造是很复杂的，一般都是各向异性非均质岩土。但这里介绍限于较简单的均质各向同性岩土。

（2）给水度——在重力作用下岩土中能释放出来的水体积与总体积之比。它等于容水度与持水度之差。容水度即岩土容纳水的最大体积与总体积之比；持水度即重力作用下所保持的水体积与总体积之比。

岩土性质对渗流有很大的制约作用和影响。岩土的结构是由大小不等的固体颗粒混合组成的。由岩土颗粒组成的结构，称为骨架。岩土的渗流特性与其孔隙率和不均匀系数（Cu）有关。岩土所占总体积 V 与孔隙体积 V_V 之比，称为孔隙率 e，即

$$e_0 = V_V/V \quad （小于 1） \tag{15}$$

孔隙率反映了岩土的密实程度。对于均质岩土，孔隙率 e 与面积孔隙率 e 相等。设岩土中孔隙面积为 A_1，骨材面积为 A_2，总面积为：$A = A_1 + A_2$。对于岩土颗粒的均匀程度，可用不均匀系数（Cu）表示，这里可以参阅《土质学与土力学》。

2）渗流的简化模型

所谓渗流的简化模型，即把渗流区概化为边界条件、流量、阻力及渗透压力与实际情况完全一样，但渗流区内并无岩土颗粒而是为水所充满的连续流动。因此，渗流模型中的流速与实际渗流中的流速是不同的；显然，渗流模型中的流速只是一种虚构的流速，用该流速来分析或描述渗流运动，只是一种简化复杂渗流问题的手段，也是给理论分析工作带来诸多方便。岩土孔隙率 e 详见下表 2。

表 2 岩土孔隙率 e 值表

岩土种类	黏 土	粉 砂	中粗混合砂	均匀砂
e	0.45 ~ 0.55	0.40 ~ 0.50	0.35 ~ 0.40	0.30 ~ 0.40
岩土种类	细中混合砂	砾 石	砾石粗砂	砂 岩
e	0.30 ~ 0.35	0.30 ~ 0.45	0.20 ~ 0.35	0.10 ~ 0.20

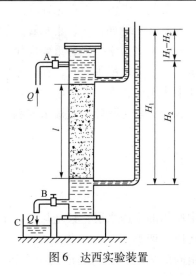

图 6 达西实验装置

3）渗流达西定律

法国的工程师达西（Henri Darcy）在 1856 年通过了大量的实验研究，总结得到渗流能量损失与渗流速度之间的关系，即为达西定律。

达西实验装置如图 6 所示。横截面面积为 A 的圆筒内充填的是均匀的砂，砂层的厚度为 l，由金属网支撑。水由稳压水箱经水管 A 流入圆筒中，再经砂层渗滤后由出水管 B 流出。其流量由量筒 C 量测，在砂层上下两端装测压管以量测渗流的水头损失。由于渗流速度极小，所以流速水头可以忽略不计，总水头可用测压管水头来代替和表示，水力坡度可以用测压管坡度来表示，即

$$J = \frac{h_w}{l} = \frac{H_1 - H_2}{l} \tag{16}$$

科学家达西分析了大量实验资料，得到圆筒内的渗流量 Q 与圆筒横截面积 A 和水力坡度 J 成正比，并和土壤的透水性能有关。达西建立的基本关系为

$$Q = kAJ \tag{17}$$

$$v = \frac{Q}{A} = kJ \tag{18}$$

式中：k 为渗透系数，反映了土壤的透水性能，由实验室或现场测定，当近似计算时可以采用表3中的 k 值。

表3　各种土壤渗流系数 k 值表

土的分类	渗流系数 k/（cm·s^{-1}）	土的分类	渗流系数 k/（cm·s^{-1}）
黏土	6×10^{-6}	粉质黏土	$6 \times 10^{-6} \sim 1 \times 10^{-4}$
黄土	$3 \times 10^{-4} \sim 6 \times 10^{-4}$	卵石	$1 \times 10^{-1} \sim 6 \times 10^{-1}$
细砂	$1 \times 10^{-3} \sim 6 \times 10^{-6}$	粗砂	$2 \times 10^{-2} \sim 6 \times 10^{-2}$

达西实验的渗流区为均质的砂土，属于均匀渗流，断面上任一点流速 v 均等于断面的平均流速。因为达西定律指出水力坡度与渗流速度成正比，只适用于层流渗流，所以达西定律亦称为渗流线性定律。

在交通土建和水利工程中，大多数渗流运动都服从达西定律，但在堆石坝、堆石排水等大孔隙介质中，渗流为紊流，此时不能使用线性定律而应采用非线性渗流定律来解释，这里的内容不再涉及，可以参阅水利工程专业书籍。

2. 集水廊道渗流

集水廊道是建造在无压含水层中用以汲取地下水和降低地下水位的建筑物，如图7所示，其应用范围很广。从廊道取水，则地下水会不断流向廊道，其两侧可形成对称于廊道轴线的降水浸润线。这种渗流，一般属于非恒定渗流，但是若含水层体积很大，廊道很长，可以看做平面渗流问题。抽水一段时间后，廊道中将保持某一恒定水深 h，并近似地形成无压恒定渐变渗流，两侧浸润线的形状及位置基本不变，所有垂直于廊道轴线的过水断面，其渗流情况相同。

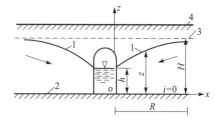

图7　集水廊道
1—浸润线；2—不透水层；
3—地下天然水面；4—地面

设不透水层基底坡度 $i = 0$，过水断面为宽矩形时，则有 $A = bh$，$q = Q/b$，则有

$$\frac{q}{k} ds = -h dh$$

对于廊道一边，自（0、h）至（x、z）两断面积分上式，从而得到浸润线方程为

$$z^2 - h^2 = \frac{2q}{k} x \tag{19}$$

当 $x = R$，$Z = H$，代入上式可得集水廊道每侧面单位长度上的涌水量公式如下

$$q = \frac{k(H^2 - h^2)}{2R} \tag{20}$$

因
$$q = \frac{k(H-h)(H+h)}{2R}, \quad 令\bar{J} = \frac{H-h}{R}$$

则
$$q = \frac{k\bar{J}}{2}(H+h) \qquad (21)$$

式中：q 为单宽流量；

$\bar{J}$ 为浸润线平均水力坡度，见表4；

R 为集水廊道影响半径；

k 为渗透系数。

通常，廊道水深 h 一般远小于含水层厚度 H，若略去不计，则上述的式（20）和式（21）就可以化简为

$$\bar{J} = \frac{H}{R} \qquad (22)$$

$$q = \frac{kH^2}{2R} = \frac{kH\bar{J}}{2} \qquad (23)$$

式（22）和式（23）可以用来初步估算涌水量 q。

表4　浸润线平均水力坡度

土　壤　类　别	J	土　壤　类　别	J
粗砂、冰川沉积土	$0.003 \sim 0.005$	亚黏土	$0.05 \sim 0.10$
砂土	$0.005 \sim 0.015$	黏土	0.15
微弱黏性砂土	0.03		

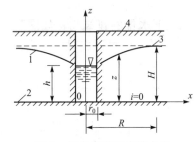

图8　集水廊道形式排水沟

例题： 如图8所示，拟在公路沿线修建一条排水沟，用以降低地下水位。其中，含水层厚度 $H = 1.5$ m，土壤的渗透系数 $k = 0.016$ cm/s，浸润线平均坡度 $\bar{J} = 0.03$（微弱黏性砂土），排水沟长 $l = 80$ m，试求两侧流向排水明沟的渗透流量及浸润线。

解：（1）渗透流量计算，由公式（22）和公式（23）则有

$$R = \frac{H}{\bar{J}} = \frac{1.5}{0.016} = 93.75 \ (m)$$

$$q = \frac{kH^2}{2R} = \frac{0.00016 \times (1.5)^2}{2 \times 93.75} = 19.2 \times 10^{-7} \ (m^3 s^{-1} m^{-1})$$

从两侧流向排水沟的渗流量为

$$Q = 2lq = 2 \times 80 \times 19.2 \times 10^{-7} = 3.072 \times 10^{-4} \ (m^3 s^{-1})$$

（2）浸润线计算。

由于 $H \gg h$ 而用公式（22）和公式（23），取 $h = 0$，由公式 $Z^2 - h^2 = \dfrac{2q}{k}x$ 得浸润线方程为

$$Z = \sqrt{\frac{2q}{k}x}$$

浸润线坐标见表5，浸润线如图8所示。

表5　集水廊道浸润线 $z \frown x$

X（m）	10	20	30	40
Z（m）	0.49	0.69	0.85	0.98

3. 单井的渗流

井在工程上应用范围很广，它是汲取地下水或作降低地下水水位的集水建筑物。它的类型有很多种。

根据含水层的不同，可以分为普通井和自流井两种，在普通井和自流井中又可以分为完全井和不完全井等，普通井又称为潜水井，自流井又称为承压水井。如图9所示。

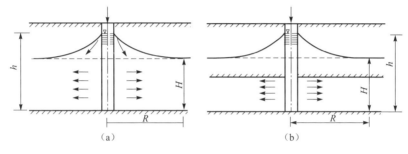

（a）　　　　　　　　　　　　　　（b）

图9　水井
（a）普通井；（b）自流井

对于各种完全井，尤其是普通完全井，设含水层的厚度为 H，当从井中抽水时，四周地下水向井集流，并将导致地下水位下降，若含水层体积很大，井中抽水只会在其附近一定范围内形成一个对称于井轴的漏斗形浸润线，但含水层厚度 H 仍将保持恒定；另外渗流流向井的过水断面则是一系列圆柱面，其径向各断面的渗流情况相同，除井壁附近区域外，浸润线的曲率很小，可看做恒定渐变流渗流，并可应用裘皮幼公式计算断面平均流速。大家参考相关书目中的本段内容即可阅读理解。

除了普通完全井，还有自流完全井、大口井和基坑等渗流及降水建筑物，它们的工作原理都是渗流原理。

阅读二：水力学中的主要实验

一、静水压强实验
（一）实验目的
（1）验证水力学基本方程；

（2）测定静止液体内某点的静水压强；

（3）测定液体的密度和重度。

（二）实验原理与计算公式

静水压强的实验仪器为静压仪，如图10所示，液体表面压强为 p_0，液体内任意一点的

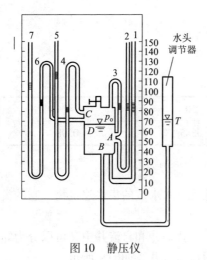

图 10　静压仪

压强满足基本方程

$$p = p_0 + \gamma h$$

同时，按照连通器的原理，连续的同种液体的水平面为等压面。因此各点的静水压强符合：

$$p_0 = p_a + \gamma h_0 = p_a + \gamma(h_T - h_0)$$

或者

$$p_0 = \gamma h_T = \gamma(h_T - h_0)$$

那么观察点的压强为

$$p_1 = p_0 + \gamma h_1 = p_0 + \gamma(h_1 - h_0)$$

而压强的液柱表示形式为

$$p_0/\gamma = h_0 = h_T - h_0$$
$$p_1/\gamma = P_0/\gamma + h_1 = (h_T - h_0) + (h_1 - h_0)$$

在 CD 管中分别注入不同液体，可以测得液体的密度或者重度，因为

$$p_0 = \gamma_c(h_5 - h_4) = \gamma_D(h_7 - h_6)$$

或者

$$\gamma_c/\gamma_D = (h_7 - h_6)/(h_5 - h_4)$$

（三）实验仪器装置和实验步骤

静压仪由密闭水箱、水头调节器、测压管（1、2、3、4、5、6、7）及连通器（3）和高程标示板组成。

实验步骤如下。

（1）观察和熟悉仪器，之后检查密闭水箱的气密性是否良好。

（2）打开气阀，将水头调节器放置中位，向水箱注入清水至红线刻度处。

（3）向固定在刻度板上的测压管中注入水、酒精（也可以是其他液体）至适当水平，之后关闭气阀。

（4）提升调节器至一定高度（高位），使水返流回水箱，箱内空气受压缩，此时 $p_0 > p_a$，待稳定后观测水箱水面以及各测压管液面高度，将观察到的数据记入到表格中。

（5）降低调节器至一定高度（低位），重复前面的操作，观察，将观察到的数据再记入表格中。

（四）实验报告

见表 6 记录的实验数据，并完成如下工作内容。

（1）分别求出各次测量时 A、B 点的压强及 p_0，并验证静水力学基本方程的能量表达式，即

$$z_1 + \frac{p_1}{\gamma} = z_2 + \frac{p_2}{\gamma}$$

（2）求出酒精或其他液体的重度。

（3）对实验结果进行分析。

（4）注意本次实验的注意事项。

表6　静水压强实验报告表

| 箱内状态 | 测次 | 标 高 | | | | | | | | $z_1 + \dfrac{p_1}{\gamma}$ | $z_2 + \dfrac{p_2}{\gamma}$ |
		∇_0	∇_1	∇_2	∇_3	∇_4	∇_5	∇_6	∇_7		
$p_0 > p_a$											
$p_0 < p_a$											

$\nabla_A = \qquad\qquad \nabla_B =$

二、水动力学水流流动实验

（一）实验目的

演示流场中不同边界条件下水的流动现象。

（二）实验原理

采用气泡示踪法，把流场中的流线、边界层分离等现象，旋涡发生的区域和形态的流动图像清晰地演示出来。

（三）实验设备

流动演示仪。

（四）演示内容

（1）显示水流经过逐渐扩散、逐渐收缩、断面突然扩大、突然缩小、圆柱绕流、圆弧渐缩、圆端墩形绕流、壁面冲击、直角弯道等管道剖面上的流动图像。

（2）显示流线疏密程度与水流横截面面积的大小有关，流线形状与边界形状有关。

（3）显示恒定流时，流线与迹线重合，流线不相交也不转折的特性显示。

三、伯诺里方程实验

（一）实验目的

（1）加深对伯诺里方程（即能量方程）中各项意义的理解，掌握水流中的能量转换规律。

（2）测定和绘制总水头线和测压管水头线图。

（3）理解水力坡度。

（二）实验设备

该实验的实验仪器为伯诺里方程实验仪。

（三）实验原理

在实验管路中沿管内水流方向取 n 个过水断面，列出进口断面 1 至断面 i 的伯诺里方程式为

$$z_1 + \frac{p_1}{\gamma} + \frac{\alpha_1 u_1^2}{2g} = z_2 + \frac{p_2}{\gamma} + \frac{\alpha_2 u_2^2}{2g} + h_{w1-2}$$

$$= z_i + \frac{p_i}{\gamma} + \frac{\alpha_i u_i^2}{2g} + h_{w1-i}$$

取 $\alpha_1 = \alpha_2 = \cdots \alpha_i = 1$，选好基准面，从已设置的各断面的测压管中读出 $z + \dfrac{p}{\gamma}$ 值，测出

通过管路的流量即可算出各断面平均流速 v 及 $\dfrac{\alpha v^2}{2g}$，从而可得到各断面测压管水头和总水头。

（四）实验步骤

（1）认识和熟悉实验仪器设备，分清各测压管与各测压点，毕托管测点的对应关系。

（2）打开进水阀门，使水箱充水，待水箱溢流后，关闭调节阀检查所有测压管水面是否齐平。如果不平，则要排气进行调平，以备实验使用。

（3）打开调节流量阀门，观察测压管水头线和毕托管总水头线的变化趋势及位置水头、压强水头之间关系；观察当流量增加或减少时，测压管水头和毕托管总水头的变化情况。

（4）调节流量阀门的开启度，待流量稳定后，测记各测压管液面读数，同时用量筒和秒表按体积法测记流量（毕托管总水头做演示用，不必测记读数）。

（5）变换调节流量阀开度 1~2 次，按上面的步骤（4）重复测量，并使其中一次阀门开度最大（以液面降到标尺最低点为限）。

（五）实验成果

实验成果见表 7~表 10。

（1）有关常数：实验台号：第（台），水箱水面读数 ∇_0（cm）。

（2）测记数值

（3）计算流速水头。

（4）总水头。

表 7

测压管号 实验项目 实验次数												实验流量 / (cm³ · s⁻¹)
					$z+\dfrac{p}{\gamma}$							
1												
2												
3												

表 8

测点编号	1⁰	2 3	4	5	6⁰ 7	8⁰ 9	10 11	12⁰ 13	14⁰ 15	16⁰ 17	18⁰ 19
管径 d/cm											
两点间距离 /cm											

注意：上表 8 中

① 标有"0"的为毕托管测点。

② 2、3 为直管均匀流段同一断面上的两个测压点，10、11 为弯管非均匀流断面上的两个测压点。

表 9

管径 d（cm）	$Q_1 =$　cm^2/s			$Q_2 =$　cm^3/s			$Q_3 =$　cm^3/s		
	A	v	$\dfrac{v^2}{2g}$	A	v	$\dfrac{v^2}{2g}$	A	v	$\dfrac{v^2}{2g}$

表 10

实验次数 ＼ 实验项目 ＼ 测压管号									实验流量 / （cm$^3 \cdot$ s^{-1}）
	$z + \dfrac{p}{\gamma} + \dfrac{v^2}{2g}$								
1									
2									
3									

（5）在下列框里绘制上述成果中最大流量下的总水头线和测压管水头线。

（框）

四、雷诺实验

（一）实验目的

（1）观察层流和紊流的流动型态，以及二者相互转变的过程。

（2）测定临界雷诺数。

（二）实验设备

雷诺试验仪，如图 11 所示。

图 11　雷诺实验仪

（三）实验原理

雷诺数是层流和紊流流动形态的判别数，其可以用下式表达，即

$$R_e = \frac{vd}{v} = \frac{4Q}{\pi dv} = KQ \tag{24}$$

式中：$K = \dfrac{4}{\pi d \upsilon}$

（四）实验步骤

1. 测记本实验有关常数

2. 观察层流和紊流形态

打开进水阀门使水箱充水到水箱溢流。水流稳定后，微微开启调节流量阀，并注有颜色（紫粉色）水于实验管内，使颜色水流成一条线，则可观察到紫粉色的水与清水互不相混的层流流态。然后逐渐开大调节流量阀，通过紫粉色水的直线变化观察层流转变到紊流的水力特征，待管中完全紊流后，逐渐调小调节流量阀，观察水流从紊流转变到层流的水力特征。

3. 测定下临界雷诺数

（1）将调节流量阀打开，使管中呈完全紊流，再逐步关小调节流量阀，使流量减小。当流量调节到紫粉色的颜色水在全管中刚刚拉直成一直线状态止，此时是下临界状态。

（2）用量筒及秒表按体积法测定流量，计算下临界雷诺数。

（3）重新打开调节流量阀，使其形成完全紊流，按上述步骤量测下临界雷诺数三次。

（4）同时由水箱中的温度计量记水温。

4. 测定上临界雷诺数

逐步开启调节流量阀，使管中水流由层流过渡到紊流，当紫粉色的水线刚开始散开时，即为上临界状态，此时的雷诺数即为上临界雷诺数，如上测量数次即可。

注意：开启调节流量阀的时候，不可开得过大，以免水箱中的水体引起紊动，影响实验效果，视觉效应极差。

5. 实验成果的整理

1）有关数据

实验台号第（号），管径（cm），水温（摄氏度），运动黏滞系数 υ（cm^2/s），计算常数 K（s/cm^3）。

2）记录与计算

见表11。

表11

实验次数	颜色水线形态	水体积 V/cm^3	时间 /s	流量 $Q/ (cm^3 \cdot s^{-1})$	临界雷诺数 R_{ck}		备　注
					下临界雷诺数		
					上临界雷诺数		

五、沿程阻力实验

（一）实验目的

（1）研究恒定流状态下，均匀流时，压力管中水流沿程阻力的变化。

（2）测定沿程阻力系数 λ 值。

（二）实验原理

$$h_f = \lambda \cdot \frac{l}{4R} \cdot \frac{v^2}{2g}$$

$$\lambda = \frac{2dgh_f}{lv^2} = \frac{2d\left(\frac{1}{4}\pi d^2\right)gh_f}{lQ^2} = K\frac{h_f}{Q^2} \tag{25}$$

式中：$K = \dfrac{\pi^2 d^5 g}{8l}$。

（三）实验设备

沿程阻力实验仪。

（四）实验步骤

（1）测试前仔细检查测压管各连接处是否可靠，是否漏水，橡皮管是否破损，并记录有关的仪器设备常数值。

（2）分别对管道的水银压差计和水压差计进行排气，排气后需要对水压计顶部充气。

（3）打开进水阀门，检查水压计内液面是否齐平，水银压差计内 Δh 是否为零。

（4）全开进水阀门，开启调节流量阀，流量从小到大，分别测读压差计各测压管液面读数，并用量筒和秒表按体积法测量流量值。

（5）注意小的压差用水压差计，大压差改用水银压差计测压差。

（6）实验中测量一次水温。

（7）实验结束要关闭调节流量阀门，使压差计回零，检查完毕。

（五）实验成果的整理

1. 有关常数的记录

实验台号：第（台）；圆管直径 d（cm）；测量段管长 l（m）；

水温（摄氏度）；运动黏滞系数 υ（$cm^2 \cdot s^{-1}$）；计算常数 K（$cm^5 \cdot s^{-3}$）。

2. 记录与计算

见表 12。

表 12

实验次数	体积 V/cm^3	时间 T/s	流址 $Q/$（$cm^3 \cdot s^{-1}$）	流速 $v/$（$cm \cdot s^{-1}$）	R_e	水压差计读数		水头损失 h_r/cm	阻力系数 λ	$R_e < 2\,370$ $\lambda - \dfrac{64}{R_e}$
						h_1	h_2			
1										
2										
3										

实验次数	体积 V/cm^3	时间 T/s	流址 $Q/$ $(\text{cm}^3 \cdot \text{s}^{-1})$	流速 $v/$ $(\text{cm} \cdot \text{s}^{-1})$	R_e	水银压差计读数				水头损失 h_r/cm	阻力系数 λ	$R_e < 2\,370$ $\lambda = \dfrac{64}{R_e}$
						h_1	h_2	h_3	h_4			
1												
2												
3												
4												
5												
6												
7												
8												

六、局部阻力实验

（一）实验目的

（1）掌握管路局部阻力系数 ξ 值的测定方法。

（2）测定局部阻力系数 ξ 值与理论公式求得值进行比较。

（二）实验原理

因
$$h_j = \xi \frac{v^2}{2g} \tag{26}$$

则局部阻力系数 $\xi = \dfrac{hj}{v^2/2g}$。

（三）实验设备

局部阻力实验仪。

（四）实验步骤

（1）打开进水阀门，使水箱充水，待水箱溢流后，检查各测压管水位是否齐平，若不平则要进行排气调平。

（2）全开调节流量阀门，待水稳定后，正确读出突然扩大或突然缩小处前后渐变流断面测压管上的水面读数，若水面波动则要取其平均值记录。

（3）用量筒和秒表按体积法测量流量。

（4）改变调节流量阀开度，重复测读测压管水面读数和测量实验流量 2~4 次。

（5）实验结束，关闭调节流量阀，检查测压管水面齐平后，再关闭进水阀。

（五）实验成果的整理

（1）断面突然扩大的记录与计算见表 13。

表13　断面突然扩大记录表

实验测次	水体积 V/cm^3	时间 T/s	流量 Q/cm^3	断面 I					断面 II					局部损失 h_j	阻力系数	
				$\frac{p_1}{\gamma}$	A_1	v_1	$\frac{v_1^2}{2g}$	$\frac{p_1}{\gamma}+\frac{v_1^2}{2g}$	$\frac{p_2}{\gamma}$	A_2	v_2	$\frac{v_2^2}{2g}$	$\frac{p_2}{\gamma}+\frac{v_2^2}{2g}$		实测 $\xi_{扩}$	理论 $\xi_{扩}$
1																
2																
3																
4																

实验台号：第（台）；圆管直径 d_1（cm）；d_2（cm）。

（2）断面突然收缩的记录与计算见表14。

表14　断面突然收缩记录表

实验测次	水体积 V/cm^3	时间 T/s	流量 Q/cm^3	断面 I					断面 II					局部损失 h_j	阻力系数	
				$\frac{p_1}{\gamma}$	A_1	v_1	$\frac{v_1^2}{2g}$	$\frac{p_1}{\gamma}+\frac{v_1^2}{2g}$	$\frac{p_2}{\gamma}$	A_2	v_2	$\frac{v_2^2}{2g}$	$\frac{p_2}{\gamma}+\frac{v_2^2}{2g}$		实测 $\xi_{缩}$	理论 $\xi_{缩}$
1																
2																
3																
4																

七、明渠非均匀流的基本水力现象演示实验

（一）实验目的

（1）演示在不同底坡情况下矩形水槽中非均匀渐变流的水面曲线，加深对非均匀渐变流水面曲线的感性认识。

（2）观察水跃现象的特征及水跃的衔接形式。

（3）观察水流经过小桥和涵洞的水力图式。

（二）实验原理

略。

（三）实验设备

多功能变坡实验水槽。

如图12所示，该实验水槽分为上下两段，用铰链连接。通过螺杆升降坡度，内有堰、小桥和涵洞的模型。

（四）实验步骤

（1）打开进水阀门，测定流量 Q，计算临界水深 a_3 及临界底坡 i_k。调整水槽底坡使 $i = i_k$，此时槽中应为临界流。放下闸门1如图12所示，即可出现 a_3 和 c_3 型水面曲线。

（2）调整上下游底坡，使 $i_1 < i_k$，$i_2 > i_k$，流量不变，此时出现 b_1 和 b_2 的降水曲线。曲

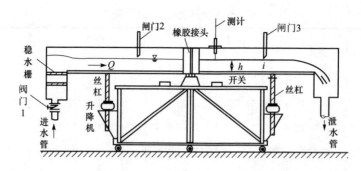

图 12 多功能变坡实验水槽

线上、下游一定远处水深为上、下游正常水深 h_0。

（3）调整上下游底坡，使 $i_1 > i_k$，$i_2 < i_k$，流量不变，此时出现水跃。调整上、下游坡度，可以看到水跃的三种不同衔接形式 。

（4）保持底坡不变，放下闸门 1、2、3，如图 12 所示。此时上游槽中即可出现 a_1、c_1、c_2、a_2 型水面曲线。同时还有水跃出现。

（5）如果在水槽中放入各种堰的模型，调整底坡也可以看到雍水、降水曲线以及水跌和水跃等基本的水力现象。

（6）在水槽中放入小桥模型，控制下游水深，观察水流经过小桥形成的自由出流和淹没出流的水力图式。

（7）在水槽中放入涵洞模型，控制流量、底坡，观察水流经过涵洞时的有压力式、半压力式和无压力式涵洞的水力图式。

该演示实验就是俗称的双变坡槽实验，仔细观察和分析，将诸多内容和土木工程、交通土建工程紧密结合起来，真正将理论付诸于实践。

桥 涵 水 文

学习情境一　河流基本知识

学习目标：掌握河流的基本知识
　　　　　正确认识地表径流的形成过程及影响因素
　　　　　认识河流及其流域和流域的表示法
　　　　　认识和掌握河流的泥沙运动
能力目标：认识完整河流的形态要素、能够进行河段分类
　　　　　掌握水文观测的要点，能够进行水文观测

　　修建公路，当跨越河渠时，需要修建桥梁和涵洞，以便车辆通过和宣泄洪水。修建后的桥涵与河流的床面形成一个三维构筑物，并且此三维实体受水流的作用，其几何尺寸是不断变化的。那么这个三维实体能容许多少水流顺利通过，同时又能保障通行安全，为此应先了解自然界水的运行变化规律，并在桥涵设计施工中应用这些规律。

子学习情境一　水循环与径流形成过程

一、自然界水循环

　　自然界的水是在不断运动的。海洋和陆地上的水受到太阳辐射热的作用，蒸发上升到大气中，且随着大气而运动。在一定的条件下，大气中的水汽凝结成降水，重新降落到地球表面；降落到地表的水一部分被蒸发，另一部分则经过河道又汇入海洋。水循环总的趋势是海洋向陆地输送水汽，陆地向海洋注入径流。在海洋向内陆输送水汽的过程中，一部分水在陆地上空冷凝降落，形成径流，向海洋流动，另一部分再次蒸发成水汽继续向更远的内陆输送，愈向内陆运动水汽愈少，循环逐渐减弱，直到不能形成降水为止。水的这种周而复始的运动过程称为水循环，如图 2 - 1 所示。

　　水在自然界中的循环运动，为人类带来取之不尽、用之不竭的水资源，对人类的生产活动有着重大影响。同时水循环也改变着地球的面貌。研究水循环对抗御洪旱灾害，改造自然和利用自然都有十分重要的意义。

二、径流形成过程

　　径流是指降水所形成的，沿着流域地面和地下向河川、湖泊、水库、洼地等流动的

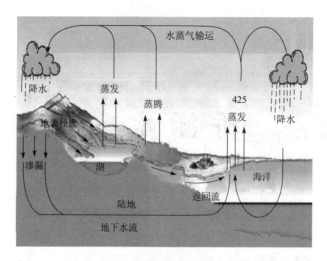

图 2-1　自然界水循环示意图

水流。地面径流或地表径流指沿着地面流动的水流。河川径流指汇集到河流后,在重力作用下沿河床流动的水流。降雨径流和融雪径流指径流因降水形式和补给来源的不同的分类。

径流形成过程指汇水区内,自降雨开始到水流汇集到流域出口断面的整个物理过程。径流的形成是相当复杂的,为便于分析一般把它概括为产流过程和汇流过程两个阶段。

（一）产流过程

降落到流域内的雨水,一部分会损失掉,剩下的部分形成径流。

降雨扣除损失后的雨量称为净雨。显然,净雨和它形成的径流在数量上是相等的,但二者的过程却完全不同,净雨是径流的来源,而径流则是净雨汇流的结果;净雨在降雨结束时就停止了,而径流却要延长很长时间。

把降雨扣除损失成为净雨的过程称为产流过程,净雨量也称为产流量。降雨不能产生径流的那部分降雨量称为损失量。在前期十分干旱的情况下,降雨产流过程中的损失量称为最大损失量,记为 IM。

沿着土壤孔隙流动,一部分会从坡侧土壤孔隙流出,注入河槽形成径流,称为表层流或壤中流。形成表层流的净雨称为表层流净雨。另一部分会继续向深处下渗,到达地下水面后,以地下水的形式补给河流,称为地下径流。形成地下径流的净雨称为地下净雨,包括浅层地下水（潜水）和深层地下水（承压水）。

流域产流过程又称为流域蓄渗过程。在这一阶段,流域对降雨进行了再次分配。

（二）汇流过程

净雨沿坡面从地面和地下汇入河网,然后再沿着河网汇集到流域出口断面,这一完整的过程称为流域汇流过程。前者称为坡地汇流,后者称为河网汇流。

1. 坡地汇流过程

坡地汇流分为三种情况。

1）坡面流

超渗雨满足了填洼后产生的地面净雨沿坡面流到附近河网的过程,称为坡面漫流。坡面漫流是由无数股彼此时分时合的细小水流所组成，通常没有明显的固定沟槽，雨强时可形成片流。坡面漫流的流程较短，一般不超过数百米，历时亦短。地面净雨经坡面漫流注入河网，形成地面径流。大雨时地面径流是构成河流流量的主要来源。

2）表层流径流

表层流净雨沿坡面侧向表层土壤孔隙流入河网，形成表层流径流。表层流流动比地面径流慢，到达河槽也较迟，但对历时较长的暴雨，数量可能很大，成为河流流量的主要组成部分。表层流与地面径流有时能相互转化，例如，在坡地上部渗入土中流动的表层流，可在坡地下部流出，以地面径流形式流入河槽。部分地面径流也可能在坡面漫流过程中渗入土壤中流动成为表层流。这就是实际工作中把表层流归入地面径流的原因。

3）地下径流和基流

向下渗透到地下潜水面或深层地下水体后，沿水力坡度最大的方向流入河网，称为坡地地下径流。深层地下水汇流很慢，所以降雨以后，地下水可以维持很长时间，较大河流可以终年不断，是河川的基本径流，所以常称为基流。

在径流形成过程中，坡地汇流过程是对净雨在时程上进行的第一次再分配。降雨结束后，坡地汇流仍将持续一定时间。

2. 河网汇流过程

各种成分径流经坡地汇流注入河网，从支流到干流，从上游向下游，最后流出流域出口断面，这个过程称为河网汇流或河槽集流过程。

坡地水流进入河网后，使河槽水量增加，水位升高，这就是河流洪水的涨水阶段。在涨水段，由于河槽储蓄一部分水量，所以对任一河段，下断面流量总小于上断面流量。随降雨和坡地漫流量的逐渐减少直至完全停止，河槽水量减少，水位降低，这就是退水阶段。这种现象称为河槽调蓄作用。

河槽调蓄是对净雨在时程上进行的第二次再分配。

一次降雨过程，经植物截留、下渗、填洼、蒸发等损失，进入河网的水量显然比降雨量少，且经过坡地汇流和河网汇流，使出口断面的径流过程远比降雨过程变化缓慢，同时，降雨、产流和汇流，是从降雨开始到水流流出流域出口断面经历的全过程，它们在时间上并无截然的分界，而是同时交错进行的。

总的来说，地表径流的形成要经过降水阶段、蓄渗阶段、坡面漫流阶段和河槽集流阶段几个过程。

子学习情境二 河流与流域

一、河流

降落到地面上的雨水，除下渗、蒸发等损失外，其余水在重力作用下形成地面径流。地面径流长期侵蚀地面，冲成沟壑，形成小溪，汇集成河流。河流是河槽和其中水流的统称。河流可分为干流和支流，一般把长度最长或水量最大的河流称为干流，流入干流的河流则称为支流。

1. 河流的分段

一条河流沿水流方向，自高向低可分为河源、上游、中游、下游和河口五段。河源是河流的发源地，多为泉水、溪涧、冰川、湖泊或沼泽等。上游紧接河源，多处于深山峡谷中，坡陡流急，河谷下切强烈，常有急滩或瀑布。中游河段坡度渐缓，河槽变宽，两岸常有滩地，冲淤变化不明显，河床较稳定。下游是河流的最下段，一般处于平原区，河槽宽阔，河床坡度和流速都较小，淤积明显，浅滩和河湾较多。河口是河流的终点，即河流注入海洋或内陆湖泊的地方。这一段因流速骤减，泥沙大量淤积，往往形成三角洲。

2. 河流的基本几何特征

一般用横纵断面、河流长度、弯曲系数及纵向比降等表示河流的基本特征。

1）河流的长度

自河源沿主河道至河口的距离称为河流长度，简称河长，以 km 计。可通过实际调查获得，亦可在适当比例尺的地形图上或航测图上量得。

2）河流的横、纵断面

河流中垂直于水流方向的断面称横断面，如图 2-2 示。河床一般由河槽和河滩两部分组成。河槽是河流宣泄洪水和输送泥沙的主要通道，植被不易生长，且在洪水期有底沙运

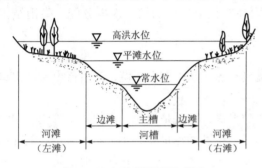

图 2-2 河床横断面示意图

动。河槽两侧洪水漫溢的滩地称为河滩，河滩上通常长有草类、树木或可种植农作物，被洪水淹没的次数较少，河槽中无底沙运动。河槽中较高的可移动的泥沙堆称为边滩，其余部分称为主槽。只有河槽没有河滩的断面称为单式断面；有河槽又有河滩的断面称为复式断面，图 2-3 中，（a）图为单式断面，（b）、（c）图为复式断面。（b）图所示复式断面为一槽一滩（多为河弯处），（c）图所示为一槽两滩（多为平原和微丘区纵向顺直式河段中）。

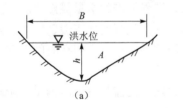 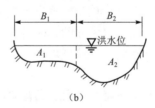 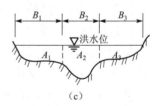

图 2-3 单式断面和复式断面示意图

（a）单式断面；（b）复式断面（一槽一滩）；（c）复式断面（一槽两滩）

河流中沿水流方向各断面最大水深点的连线称为中泓线，沿中泓线的断面称为河流的纵断面。河流纵断面能反映河床的沿程变化。

3）河道纵比降

任意河段两端（水面或河底）的高差 Δh 称为落差，单位河长的落差称为河道纵比降，简称比降，用小数或千分数表示。常用的比降有水面比降和河底比降。河流沿程各河段的比降都不相同，一般自河源向河口逐渐减小。水面比降随水位的变化而变化，河底比降则较稳定。当河段纵断面近于直线时，比降按式（2-1）计算，即

$$J = \frac{Z_1 - Z_0}{l} = \frac{\Delta h}{l} \qquad (2-1)$$

式中，J 为河段的比降；

　　　Z_1、Z_0 为河段上、下断面水面或河底高程，m；

　　　l 为河段长度，m。

当河底高程沿程变化时，可在纵断面图上，如图 2-4 所示，从下断面河床处作一斜线，使斜线以下的面积与原河底线以下的面积相等，该斜线的坡度即为河道的平均比降，其计算式为

$$J = \frac{(Z_0 + Z_1)l_1 + (Z_1 + Z_2)l_2 + \cdots + (Z_{n-1} + Z_n)l_n - 2h_0 L}{L^2} \qquad (2-2)$$

式中，Z_0、$\cdots$、Z_n 为自下游到上游沿程各点河底高程，m；

　　　l_1、$\cdots$、l_n 为相邻两点间的距离，m；

　　　L 为河段的全长，m。

河流比降一般都比较小，常用千分数表示。例如，湖南省的湘江，河长为826 km，平均比降为 $J = 0.134‰$。

3. 河段分类

进行桥位设计时，在有关桥位选择、桥孔布设、确定桥梁墩台的埋深、布置调治构造物等水文计算中，必须了解桥位所在河段的各种特点，掌握河段变形的客观规律，以便提出切合实际的设计方案。JTG C30—2002《公路工程水文勘测设计规范》中，将河段分为以下几类。

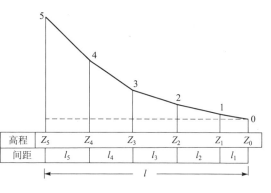

图 2-4　河流纵断示意图

1）山区河段

山区河段可分为峡谷河段和开阔河段两类，且这两类河段都为稳定性河段。

山区河段的形态特征为：在平面上多急弯、卡口，宽窄相同，河床为 V 形或 U 形；河流纵断面多呈凸型，比降缓陡相连。峡谷河段河床狭窄，河岸陡峭多为石质，中、枯水期河槽无明显区别；开阔河段河面较宽，有边滩，有时也有不大的河漫滩和明显阶地，有的地方也会出现心滩和沙洲，比降较缓，河床泥沙较细。

山区河段的水文泥沙特征为：河床比降陡，一般大于 0.2%；流速大，洪水时河槽中水流平均流速可达到 5~8 m/s；水位变幅大，个别可达到 50 m；含沙量小，河床泥沙颗粒较大，由于流速大，搬运能力强，故洪水时河床上有卵石运动。

山区河段的河床演变特征为：河流稳定，变形多为单向的切蚀作用，速度相当缓慢；峡谷河段的进口或窄口的上游，受壅水的影响易形成洪淤、枯冲；开阔河段有时有较厚的颗粒较细的沉积物，且多呈洪冲、枯淤变化；两岸对河流的约束和钳制作用大。

各河段区别要点为：峡谷河段，河床窄深，床面岩石裸露或为大漂石覆盖，河床比降大，多急弯、卡口，断面呈 V 形或 U 形；开阔河段和顺直微弯河段岸线整齐，河槽稳定，断面多呈 U 形，滩、槽分明，各级洪水流向基本一致。

2）平原河段

平原河段可分为顺直微弯河段、分汊河段、弯曲河段、宽滩河段和游荡河段五类。其中顺直微弯河段为稳定河段，游荡河段为不稳定河段，其他均为次稳定河段。

平原河段形态特征为：平原河段按平面外形可分为顺直微弯型、分汊型、弯曲型、宽滩型和游荡型；河谷开阔，有时河槽高出地面，靠两侧堤防束水；河床横断面多呈宽浅矩形，通常横断面上滩槽分明，在河弯处横断面呈斜三角形，凹岸侧窄深，凸岸侧为宽且高的边滩，过渡段有浅滩、沙洲；枯水期河槽中露出多种形态的泥沙堆积体；由于平原区河流多河弯、浅滩连续分布，因此河床纵断面亦深浅相间。

平原河段水文泥沙特征为：河床比降平缓，一般小于 0.01%；流速小，洪水时河槽中水流平均流速多为 2 ~ 4 m/s；洪峰持续时间长，水位和流量变幅小于山区河流；河床泥沙颗粒较细；水流输送泥沙以悬移质为主，多为沙、粉沙和黏粒，但也有推移质；满足下列条件时为宽滩河流。

$$\frac{Q_t}{Q_p} > 0.4 \ \text{或} \ \frac{Q_t}{Q_c} > 0.67 \tag{2-3}$$

式中，Q_t 为河滩流量；

Q_P 为河床流量；

Q_c 为河槽流量。

平原河段河床演变特征为：顺直微弯河段，中水时河槽顺直微弯，边滩呈犬牙状交错分布，洪水时边滩向下游平移，对岸深槽亦向下游平移；分汊河段，中高水时河槽分汊，分汊可能有周期性的交替变迁趋势；弯曲型河段，凹冲凸淤，为自由弯曲型河段，由于周而复始的凹冲凸淤，随着凹岸侧的冲刷下切和侵蚀，弯顶会横移下行；凸岸侧则扭曲伸向下游，与此同时弯曲路径加长，阻力加大，颈口缩短，洪水时就将发生裁弯取直现象；宽滩蜿蜒河段河床演变与弯曲型河段类似；游荡型河段河槽宽浅，沙洲众多且变化迅速，主流、支汊变化无常。

各河段区别要点为：稳定性和次稳定性河段的区别，前者河槽岸线、河槽、洪水主流均基本稳定，变形缓慢；后者河湾发展下移，主流在河槽内摆动。另外，分汊河段两汊有交替变迁的趋势；宽滩河段泛滥宽度很宽，达几公里甚至十几公里，滩槽宽度比和流量比都较大，河滩水流流速小，河槽水流流速大。

3）山前区河段

山前区河段可分为山前变迁河段和冲积漫流河段两类，这两类河段均为不稳定河段。

山前区河段的形态特征为：山前变迁河段，多出现在较开阔且地面坡度较平缓的山前平原地带，河段距山口较远，其下多是比较稳定的平原河段，水流多支叉，主流迁徙不定，河槽岸线不稳，洪水时主流有滚动可能；冲积漫流河段，距山口较近，河床坡度较陡，因为地势单调平坦，水流出山口后呈喇叭形散开，流速、水深骤减，水流夹带大量泥沙淤落在山口坦坡上形成冲积扇。

山前区河段的水文泥沙特征为：河床比降介于山区河段和平原河段之间，一般为0.1% ~1%，但冲积漫流河段有时为 2% ~5%；流速也介于山区河段与平原河段之间，洪水时河槽中水流平均流速可达 3.5 m/s；河槽宽浅，水深变幅不大，既小于山区亦小于平原区；泥沙颗粒中等或较大，在干旱、半干旱地区，洪水时往往携带大量细颗粒泥沙（既有悬移质又有推移质），是淤积的主要物质。

山前区河段的河床演变特征为：山前变迁河段，泥沙与河床演变特点有类似平原游荡型河段之处，但其比降和泥沙颗粒皆大于平原游荡型河段，所以主要还是山前河流的特点，其夺流改道之势更为凶猛迅速；冲积漫流河段通常无固定河槽，夹带大量粗颗粒泥沙的水流淤此冲坡，再加上坡陡、流急造成水沙混合体奔突冲击，故有很大的破坏力。洪水后，河床支汊纵横、支离破碎，没有固定的河漫滩，是最不稳定的河段，河床可能淤高。

各河段区别要点为：不稳定河段与次稳定河段的区别，前者主流在整个河床内摆动，幅度大、变化快，河床有可能扩宽；后者主流在河槽内摆动，幅度小。游荡型河段与山前变迁河段的区别，前者土质颗粒细、冲刷深、回淤快，主流不仅在河床内摆动，甚至可能造成河道改道；后者颗粒粗、冲刷浅，由于河床淤高扩宽和主流摆动，造成主槽变迁，河常傍切扩宽的幅度小。冲积漫流河段地貌大致具有冲积扇的特征，河床逐年淤高且较游荡型河段明显，洪水股流按总趋势在高沟槽中通过。

4）河口

河口可分为三角港河口和三角洲河口两类，这两者均为不稳定河段。

河口的形态特征为：三角港河口段为凹向大陆的海湾型河口段；三角洲河口段为凸出海岸伸向大海的冲积型河口段。河口段沙洲林立，支流纵横交错。

河口的水文泥沙特征为：比降一般小于 0.01%，流速也小，由于受潮汐影响，流速呈周期性正负变化，泥沙颗粒极细且多为悬移质。

河口的河床演变特征为：河口除受波浪和海流作用外，河流下泄的部分泥沙（进入河口后）由于受潮流和径流的相互作用常形成拦门沙，加之咸、淡水交汇造成泥沙颗粒的絮凝现象，促进了泥沙的淤积；洪水期山水占控制的河段可能有河床冲刷，因此很多河口段河床的冲淤变化很明显。

各河段区别要点与形态特征相同。

应该注意的是，上述情况为一般情况，如山区河段一般为稳定河段，但也有例外的情况。有的山区河段有次稳定的甚至不稳定的河段，遇到这种情况，应根据实际分析其稳定性。

二、流域

（一）流域

汇集地面水和地下水的区域称为流域（亦称汇水区），也就是分水线包围的区域。

分水线有地面、地下之分。

闭合流域：当地面分水线与地下分水线重合，称为闭合流域，否则为不闭合流域，如图2-5所示。在实际工作中，除有石灰岩溶洞等特殊的地质情况外，对于一般流域，当对所论问题无太大影响时，多按闭合流域考虑。

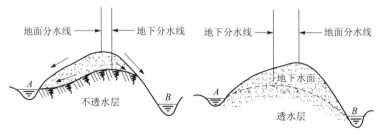

图2-5 地面分水线与地下分水线示意图

流域是相对于某一出口断面的，当不指明断面时，流域即指对河口断面以上的区域。

（二）流域基本特征

1. 流域面积

流域分水线包围区域的平面投影面积称为流域面积（亦称汇水面积），记为 F，以 km^2 计。流域面积的确定方法如下。

1）利用现有的地形图校核

在已有 $1:10\ 000 \sim 1:50\ 000$ 地形图上勾绘汇水区，再经现场校核，一般有足够的准确性。由于各种基本建设设施的迅速发展，原绘制的地形图上的分水岭及水系流向往往与实际情况不尽相符，因此，在利用已有地图时，必须进行现场勘察或访问群众进行校核，否则可能相差很大。

校核的方法：重点是先在图上标明原图出版以来新增添的人工沟渠、水库、堤坝的道路、桥梁位置；标明由于增添了这些基建设施后，所改变的水流流向；然后再标明漫流归入这些沟渠、水库等的地面范围；最后根据确定的新水系情况，勾绘出汇水区（如图 2-6 所示）。

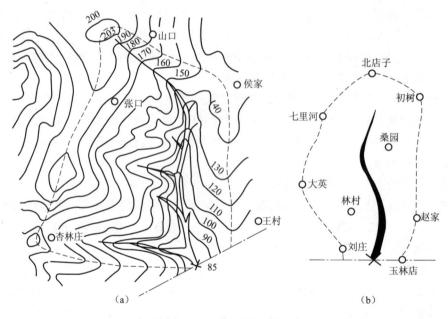

图 2-6　汇水面积示意图

在平原区，地形图上等高线稀疏，并受河网化的影响，分水界线不易划分，必须通过调查，参照图上各村庄或其他明显地物位置，根据村庄地势常高于周围田地的特点，勾绘出汇水区，力求与实际相符。

当汇水区勾绘好之后，可蒙上透明厘米格纸，采用不规则边格凑整的方法，按地形图的比例，计算出汇水面积 F 值。

2）实测与估测

当没有地形图可利用时，需用地形测量仪器实地测绘，一般采用交汇法、绕行法或辐射法。当汇水区甚小时，也可采用实测与估测相结合的方法。估测法是用气压计与角度手水准，类似以上所述的测量方法。

2. 河网密度

流域内河流干支流总长度与流域面积的比值称为河网密度，以 km/km^2 计。

3. 流域的长度和平均宽度

流域长度就是流域轴长。以流域出口为中心向河源方向作一组不同半径的同心圆，在每个圆与流域分水线相交处作割线，各割线中点的连线的长度即为流域的长度，以 km 计。

流域面积与流域长度之比称为流域平均宽度，以 km 计。

4. 流域形状系数

流域平均宽度与流域长度之比称为流域形状系数。扇形流域的形状系数较大，狭长形流域系数则较小，所以流域形状系数在一定程度上以定量的方式反映流域的形状。

5. 流域的平均高度和平均坡度

将流域地形图划分为 100 个以上的正方格，依次定出每个方格交叉点上的高程以及与等高线正交方向的坡度，取其平均值即为流域的平均高度和平均坡度。

6. 流域自然地理特征

包括流域的地理位置、气候特征、下垫面因素等。

（1）流域的地理位置。流域的地理位置以流域所处的经纬度来表示，它可以反映流域所处的气候带，说明流域距离海洋的远近，反映水文循环的强弱。

（2）流域的气候特征。包括降水、蒸发、湿度、气温、气压、风等要素。它们是河流形成和发展的主要影响因素，也是决定流域水文特征的重要因素。

（3）流域的下垫面因素。下垫面指流域的地形、地质构造、土壤和岩石性质、植被、湖泊、沼泽等情况，这些要素以及上述河道特征、流域特征都反映了每一水系形成过程的具体条件，并影响径流的变化规律。在天然情况下，水文循环中的水量、水质在时间上和地区上的分布与人类的需求是不相适应的。为了解决这一矛盾，长期以来人类采取了许多措施，如兴修水利、植树造林、水土保持、城市化等来改造自然以满足人类的需要。人类的这些活动，在一定程度上改变了流域的下垫面条件从而引起水文特征的变化。

子学习情境三 泥 沙 运 动

河川的泥沙运动又称泥沙径流或固体径流，是指河流挟带的水中悬移质泥沙和沿河底滚动的推移质泥沙而言的。所有河流都挟带泥沙，只是多少不同而已。我国黄河是一个突出的例子，黄河边的陕县多年平均含沙量高达 35.1 kg/m^3，实测最大含沙量超过 500 kg/m^3。河流泥沙主要来源于流域地表被风和雨水侵蚀的土壤，当大量的降雨或融雪形成坡地漫流时，水流就将地表的固体颗粒带入河中。河流挟带泥沙的多少与流域特征及地面径流有关，洪水期含沙量较大，枯水期只靠地下水补给时则含沙量最小。

一、泥沙运动的分类

天然河床是由大小不同、形状各异的泥沙颗粒组成的。根据泥沙在河槽内运动的状态，可分为悬移质和推移质两种。悬移质泥沙是在一定水力条件下，泥沙处于运动状态，颗粒较细的泥沙被水流中的紊流旋涡带起，悬浮于水中向下游移动。推移质泥沙是颗粒稍大的在河床上滚动、滑动或跳跃着间歇性地向下游移动，其前进的速度远小于水流流速；推移质群体的运动形态呈现为床面上的沙波运动。比推移质颗粒更大的泥沙，则下沉到河床床面静止不动，称为沙床。悬移质和推移质的分界是相对的，是随水流流速大小而变化的。

二、泥沙的主要特性

1. 几何特性

泥沙的几何特性用粒径来表示。泥沙颗粒形状极不规则，一般采用与泥沙颗粒同体积的球体直径，即等容直径 d 来表示颗粒的大小，单位为 mm 或 m。

粒径大于 0.05 mm 的泥沙，可用筛析法测量；粒径小于 0.05 mm 的泥沙，则用水析法测量，即根据泥沙在静水中的沉降速度与粒径大小的关系，来确定粒径的大小。对大粒径的圆石和砾石可直接量其长、短轴直径。泥沙的粒径可用下列表示方法。

1）平均粒径 $\bar{d}$

用筛分法得到沙样的各筛径之间的几组泥沙，各组平均粒径为上下两级筛孔的均值，即 $d_i = \dfrac{d_大 + d_小}{2}$，每组泥沙的质量（或重量）为 ΔP_i，则该沙样的平均粒径（$\bar{d}$）为取沙样中各级粒径按重量的加权平均值，有

$$\bar{d} = \frac{\sum d_i \Delta P_i}{\sum \Delta P_i} \tag{2-4}$$

式中，d_i 为各级泥沙的粒径；

ΔP_i 为各级泥沙的重量。

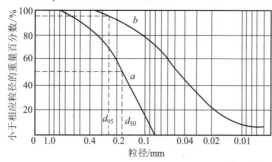

图 2-7　泥沙粒径级配曲线

2）粒径级配曲线（粒配曲线）——d_{50} 及 d_{95}

粒径级配曲线一般画在半对数坐标纸上，横坐标表示粒径大小，纵坐标表示小于某粒径的颗粒在整个沙样中所占重量的百分数。d_{50} 表示小于此粒径的泥沙占沙样总重量的 50%，即在级配曲线上纵坐标为 50% 所对应的粒径；d_{95} 表示小于此粒径的泥沙占沙样总重量的 95%，即在级配曲线上纵坐标为 95% 所对应的粒径，$d_{95} < d_{50}$，如图 2-7 所示。

2. 重力特性

泥沙重力特性用泥沙颗粒实体的单位体积的重力来表示，称为容重（或重度）γ_s。另外，干容重 γ' 也表示沙样的重力特性，用单位体积的原状土样中颗粒的重力来表示，γ' 越大，泥沙越密实。

3. 水力特性

1）沉速

泥沙水力特性由泥沙颗粒在静止的清水中均匀下沉的速度来表示，称为沉速 ω（单位为 m/s），ω 值可查《公路桥涵设计手册·桥位设计（2000 年版）》中的数值表。

2）启动流速

水中泥沙在水流推动下，由静止状态转入运动时的水流临界平均流速，称为泥沙的启动流速。泥沙启动是泥沙运河床变形开始的临界状态。

子学习情境四 水 文 观 测

河流中水的运动变化可由水文因素观测资料来反映，利用各种水文仪器测量并记录各项水文因素的连续变化情况，称为水文测量。在修建桥涵时主要测量的水文要素有：河床断面的几何形状、水位、流速、流量等。

一、水位测量

水位是指河流、湖泊、水库及海洋等水体的自由水面高程，单位为 m。水位要有一个基面作为起点，常用的基面有绝对基面、假定基面、测站基面、冻结基面四种。

全河上、下游或相邻测站应尽可能采用一致的固定基面。使用水位资料时一定要查清其基面。

观测水位的常用设备有水尺和自记水位计两类。

1. 水尺

按水尺的构造形式不同可分为直立式、倾斜式、矮桩式与悬锤式四种。其中应用最广泛的是直立式水尺，如图 2 - 8 和图 2 - 9 所示。水位计算公式为

$$水位 = 水尺零点高程 + 水尺读数 \qquad (2-5)$$

式中，水尺零点高程指水尺板上刻度起点的高程，可以预先测量出来。

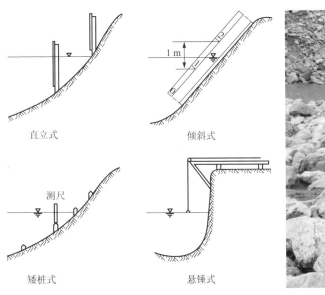

图 2 - 8 水尺类型

图 2 - 9 直立式水尺

2. 自记水位计

自记水位计，如图 2 - 10 所示，能将水位变化的连续过程自动记录下来，不遗漏任何突然的变化和转折，有的还能将所观测的数据以数字或图像的形式远传室内，使水位观测工作趋于自动化和远传化。

通过水位的观测，能够得到各种特征水位、平均水位、水位过程线、水面比降等资料。

二、流速测量

河流的流量是通过测定过水断面和断面平均流速后计算出来的。测流速常使用流速仪进行。

流速仪主要由旋转器（旋杯或旋桨）、信号记录器和尾翼组成，如图 2－11 及图 2－12 所示。

图 2－10　自计水位仪

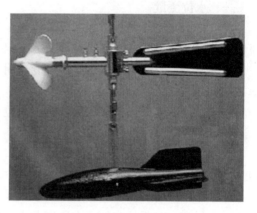

图 2－11　旋桨式流速仪

图 2－12　旋杯式流速仪

流速仪只能测得断面中某一点的流速，测流时可将流速仪放到需要测速的位置（测点），水流冲击旋杯（或旋桨）使其转动，根据每秒转数与流速的关系推算该测点的流速。

天然河道过水断面的流速分布，一般是由河岸向河心逐渐增大，由河底向水面逐渐增大，最大流速一般出现在最大水深处的水面附近。如图 2－13 所示。

流速测量的目的就是通过实际的流速测量，描述过水断面内的流速分布情况，并用以推算通过该断面的流量。流速测量常用的方法有流速仪法和浮标法两种。

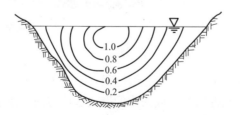

图 2－13　天然河流断面流速分布图

运用流速仪能测得某点的流速，为了求得断面平均流速，应先在断面上布设一些测速垂线，断面被分成若干部分，测出各垂线的水深和起点距。在每一条测速垂线上布设一定数目的测速点进行测速，最后根据测点流速的平均值求得测线平均流速，再由测线平均流速求得部分面积平均流速。根据河宽来确定测速垂线数目，根据垂线的水深及流速仪的特性来确定测速垂线上的测点数。具体规定见表 2-1 和表 2-2。

表 2-1　水面宽

水面宽/m	<5.0	5	50	100	300	1 000	>1 000
精测法	5	6	10	12~15	15~20	15~25	>25
常测法	3~5	5	6~8	7~9	8~13	8~13	>13

表 2-2　测点数

测点数	畅流期	冰期
五点	$0.0\,h$、$0.2\,h$、$0.6\,h$、$0.8\,h$、$1.0\,h$	
三点	$0.2\,h$、$0.6\,h$、$0.8\,h$	$0.15\,h$、$0.5\,h$、$0.85\,h$
二点	$0.2\,h$、$0.8\,h$	$0.2\,h$、$0.8\,h$
一点	$0.6\,h$ 或 $0.5\,h$	$0.5\,h$

一点法：

$$v_m = v_{0.6} \text{ 或 } v_m = (0.90 \sim 0.95)v_{0.5}$$

二点法：

$$v_m = \frac{1}{2}(v_{0.2} + v_{0.8})$$

三点法

$$v_m = \frac{1}{3}(v_{0.2} + v_{0.6} + v_{0.8}) \text{ 或 } v_m = \frac{1}{4}(v_{0.2} + 2v_{0.6} + v_{0.8})$$

五点法：

$$v_m = \frac{1}{10}(v_{0.0} + 3v_{0.2} + 3v_{0.6} + 2v_{0.8} + v_{1.0})$$

各式中 v_m 为垂线平均流速，$v_{0.0}$、$v_{0.1}$、$\cdots$、$v_{1.0}$ 为各相对水深处的测点流速。

三、河道断面测量

河道断面测量如图 2-14 所示。

1. 起点距测量

测深垂线起点距：测深垂线至基线上的起点桩之间的水平距离，常用经纬仪、平板仪、六分仪、全球定位系统（GPS）等。

2. 水深测量

一般用测深杆、测深锤或测深铅鱼、超声波回声测声仪等测量。

四、水文调查

对于缺乏水文观测资料的河沟，水文调查是获得桥涵设计中所需水文资料常用的方法。水文

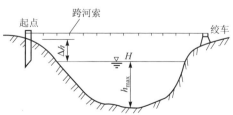

图 2-14　河道断面测量

调查的步骤是先建立水文断面，通过洪水调查，确定各种洪水位和洪水比降，进而确定水文断面的流速和流量。

1. 水文断面

1）水文断面概念与选择

计算流量所依据的河沟横断面称为水文断面（即形态断面），一般选在有较可靠洪水调查资料的河段内。有实测资料的水文站测流断面也属于水文断面的范畴。水文断面应尽可能与流向垂直，宜选在河段顺直、岸坡稳定、床面冲淤变化不大、泛滥宽度较小、断面比较规则、河槽在平面上无过大扩散或收缩、河沟床纵坡无急剧变化和无局部死水回流及壅水影响的地方。

当桥涵位断面符合以上条件时，桥涵位断面可作为一个水文断面。大中桥桥位上下游可各选一个水文断面。当用形态法推求设计流量，而可靠的洪水调查点与桥涵位有一定距离时，可根据具体情况在洪水调查河段选 2~3 个水文断面，以便互相推算校核。

2）水文断面图测绘

水文断面宜选在洪痕分布较多、河岸稳定、冲淤不大、泛滥宽度较小、无死水和回流、断面比较规则的顺直河段上，宜与流向垂直。水文断面应在桥位上、下游各测绘一个；对河面不宽的中桥，可只测绘一个；当桥位断面符合水文断面条件时，桥位断面可作为水文断面。

测绘范围：平原宽滩河流测至历史最高洪水泛滥线以外 50 m；山区河流测至历史最高洪水位以上 2~5 m。绘制内容应标出河床地面线、滩槽分界线、植被和地质情况、糙率、测时水位、施测时间、历史洪水位及发生年份、其他特征水位等。滩槽分界线应在现场确定。

2. 洪水调查

调查可靠的洪水位并确定其发生的年代，在水文调查法的水力计算中，有着非常重要的意义。通常是对历史洪水位和多年平均洪水位进行调查。历史洪水位是指历史上特大年洪量时所对应的洪水位；多年平均洪水位是指多年来年洪峰流量的平均值所对应的洪水位。

1）河段调查

收集河段历年变迁的图纸和资料，调查河弯发展及滩槽稳定情况。调查支流、分流、急滩、卡口、滑坡、塌岸和自然壅水等现象。调查水流泛滥宽度、河岸稳定程度。调查河床中游变化，上游泥沙来源，历史上淤积高度和下切深度。调查河堤设计标准、河道安全泄洪量及相应水位。调查河道整治方案及实施时间。调查航道等级，最高和最低通航水位，通航孔数，高、中、低水位的上、下行航线位置。调查筏运、漂浮物类型及尺寸。根据河床形态、泥沙组成、岸壁及植被情况，确定河床各部分洪水糙率。

2）洪水调查

结合所收集的历史洪水资料，在河段两岸调查各次洪水发生的时间、洪痕位置、洪水来源、涨落过程、主流方向，调查有无漫流、分流及受人工建筑物的影响，确定洪水重现期，调查河床断面冲淤变化情况。洪水调查的河段宜选择两岸有较多洪痕点，水流顺直稳定，无回流、分洪及人工建筑物影响，并宜靠近水文断面。同一次洪水应调查 3 个以上较可靠的洪痕点，作出标志，记录洪痕指定人的姓名、职业、年龄和叙述内容。根据指定的洪水标志物情况，指定人对洪水记忆程度，综合分析、判断洪痕点的可靠性。

3）冰凌调查

调查历年封冻及开河时间、最高和最低流冰水位、冰块尺寸、流冰速度和密度、冰塞和冰坝现象、历史上凌汛水害情况以及上、下游建筑物对流冰的影响。

4）涉河工程调查

桥位河段上既有桥梁、过河管缆的跨度、基础埋深、修建年代、水毁和防护等情况、堤坝设计标准、结构形式、基础埋置深度、施工质量、洪水检验情况，上下游水库位置、设计频率、泄洪流量、控制汇水面积、回水范围及建库后上下游河床冲淤变化。其他涉河工程，如取水口、泵站、码头、贮木场、锚地等的位置及其对公路工程的影响。

3. 洪水比降的确定

洪水比降是指某次洪水时中泓线上的水面纵坡度。下面先介绍桥涵位河段洪水比降图的绘制方法。

可根据桥涵位工点地形图上洪痕位置和洪痕调查记录（主要是指此洪痕的标高和发生年月），向中泓线上垂直转移。然后以纵坐标表示洪痕高程，横坐标表示各洪痕在中泓线上沿水流方向的投影距离，分别连接同一洪水时的各个洪痕投影点，可得各次洪水的水面线，从而绘制出桥涵位河段洪水比降图。

依据最可靠的两个洪痕高程 H_1 和 H_2，以及这两个洪痕水位在水流中泓线上的投影距离 L，以下式计算洪水比降 I，即

$$I = \frac{H_1 - H_2}{L} \times 1\ 000‰ \tag{2-6}$$

图 2-15 上每根洪水水面线都具有该次洪水的水面纵坡，称为洪水比降。从桥涵位河段的洪水比降图上还可得到桥涵位各次洪水的标高。洪水比降图的比例尺，可采用垂直 1:20～1:200，水平 1:200～1:2 000。

当寻找多处洪痕有困难时，洪水比降可用常水位或低水位比降代替。若调查时河沟干涸，也可用河沟底平均坡度 i 代替，但要注意这段河沟的各横断面不应有较大的收缩或扩张变化。有条件时，可绘制水位与比降的关系曲线，即 $I = f(H)$，以便推求各水位时的比降。

对于离桥涵位有一定距离的洪水调查点，其洪水比降的确定方法与桥涵位相同。但桥涵位设计洪水位需根据洪水调查点的有关水位进行推算。

4. 形态法流速流量的确定

根据水文断面处比较可靠的洪水位，可按均匀流曼宁公式计算流速和流量。若是单式断面，可用式（2-7）、式（2-8b）计算全断面的平均流速和流量。若是复式断面，可以式（2-7）分别计算左、右河滩与河槽各过水面积的平均流速，然后用式(2-8a)计算全断面的流量。复式断面的全断面平均流速是用式（2-7）反算，并注意此时的全断面的过水面积。

$$v = \frac{1}{n} R^{\frac{2}{3}} I^{\frac{1}{2}} \tag{2-7}$$

$$Q = vA \tag{2-8a}$$

$$Q = v_c A_c + \sum v_t A_t \tag{2-8b}$$

[例 2-1] 某桥位处据水文资料推算出设计水位 $H_p = 135.00$ m，设计流量 $Q_p = 3\ 500$ m³/s（以形态法计算的结果可与之比较）。据水文调查得：洪水比降 $I = 0.000\ 5$；河滩部分表土为粗砂，$n_t = 0.025$；河槽部分表土为砾石，$n_c = 0.032$；沿桥轴线断面资料见表 2-3。试计算其设计流量和流速。

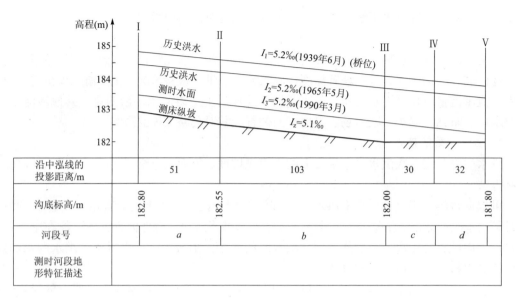

图 2-15 桥位洪水比降图

解：天然河流的形状本不规则，过水断面沿流程变化，实属非均匀流。但是按水文断面要求而选择的断面，则近似均匀流，故可按曼宁公式计算。

（1）点绘水文断面，如图 2-16 所示。

（2）列表计算水力三要素见表 2-4。

表 2-3 沿桥轴线断面资料

桩号/m	$K_5 +500$	+520	+560	+600	+620	+640	+680	+710	+760	+790
地面标高/m	140.00	133.00	131.50	131.00	125.00	124.00	129.50	129.00	132.00	136.00

表 2-4 计算水力三要素

里程桩号	河床标高 /m	水深 /m	平均水深 /m	间距 /m	湿周 $\chi = \sqrt{L^2 + \Delta h^2}$	过水面积 /m²	累积面积 /m²	合计
+514.29	135.00	0					5.7	
			1.00	5.7	6.05	5.7		$A_{tz} = 265.7$ m²
+520.00	133.00	2.00					115.7	
			2.75	40.0	40.03	110.0		$\chi_{tz} = 86.08$ m
+560.00	131.50	3.50					265.7	
			3.75	40.0	40.00	150.0		
+600.00	131.00	4.00					405.7	
			7.00	20.0	20.88	140.0		$A_c = 680$ m²
+620.00	125.00	10.00					615.7	
			10.50	20.0	20.02	210.0		
+640.00	124.00	11.00					945.7	$\chi_c = 81.28$ m
			8.25	40.0	40.38	330.0		
+680.00	129.00	5.50					1 118.2	
			5.75	30.0	30.00	172.5		
+710.00	129.00	6.00					1 343.2	
			4.50	50.0	50.09	225.0		$A_{ty} = 431.3$ m²
+760.00	132.00	3.00					1 377.0	
			1.50	22.5	22.70	33.8		$\chi_{ty} = 102.79$ m
+782.50	135.00	0						

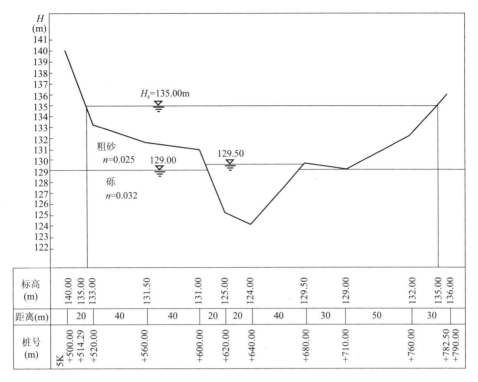

图 2-16　水文断面

（3）流速、流量计算。

河槽部分：

$$R_c = \frac{A_c}{\chi_c} = \frac{680}{81.28} = 8.366 \ (\text{m})$$

$$v_c = \frac{1}{n_c}R_c^{2/3}I^{1/2} = \frac{1}{0.032} \times 8.366^{2/3} \times 0.005^{1/2} = 2.88 \ (\text{m/s})$$

$$Q_c = v_cA_c = 2.88 \times 680 = 1\ 958 \ (\text{m}^3/\text{s})$$

河滩部分：
$$R_{tz} = \frac{A_{tz}}{\chi_{tz}} = \frac{265.7}{86.08} = 3.087 \ (\text{m})$$

左滩

$$v_{tz} = \frac{1}{n_t}R_{tz}^{2/3}I^{\frac{1}{2}} = \frac{1}{0.025} \times 3.087^{2/3} \times 0.005^{1/2}$$

$$= 1.90 \ (\text{m/s})$$

$$Q_{tz} = v_{tz}A_{tz} = 1.9 \times 265.7 = 505 \ (\text{m}^3/\text{s})$$

右滩

$$R_{ty} = \frac{A_{ty}}{\chi_{ty}} = \frac{431.3}{102.79} = 4.195 \ (\text{m})$$

$$v_{ty} = \frac{1}{n_t}R_{ty}^{2/3}I^{\frac{1}{2}} = \frac{1}{0.025} \times 4.195^{2/3} \times 0.005^{1/2}$$

$$= 2.33 \ (\text{m/s})$$

$$Q_{ty} = v_{ty}A_{ty} = 2.33 \times 431.3 = 1\ 005\ (\text{m}^3/\text{s})$$

全断面设计流量与流速

$$Q_p = 1\ 958 + 505 + 1\ 005 = 3\ 468\ (\text{m}^3/\text{s})$$

与水文计算值比较，有

$$\frac{3\ 500 - 3\ 468}{3\ 468} \times 100\% = 0.9\%$$

可见两值非常接近，即

$$\bar{v_0} = \frac{Q_p}{A} = \frac{3\ 468}{1\ 377} = 2.52\ (\text{m}/\text{s})$$

复习思考题

1　简述地表径流的形成过程及其影响因素。

2　什么是下垫面因素？

3　流域内的几何参数包括哪些？

4　现行规范中将河段分成哪两类？具体是如何分类的？

5　什么是河相关系、造床流量、水流的挟砂能力？

6　悬移质和推移质具有相对含义，为什么？

7　水文观测时，应该观测哪些项目？

8　什么是中泓线？如何确定水流的过水断面和纵断面？

9　什么是洪水比降？

10　测水深和测流速分别采用哪几种方法？

11　水文断面应该如何选取？

学习情境二 水文统计基础

学习目标：掌握主要根据实测的水文资料（如水位、流量、降水量等）
　　　　　掌握数理统计方法所依据的概率论原理

能力目标：通过频率分析，确定出在桥梁规定使用期限（年数）内可能发生的一次最大
　　　　　洪水（包括流量、流速、水位等）的重现期
　　　　　掌握河川水文现象的特性

子学习情境一 水文统计的意义

一、水文现象的基本特性

河流中各种水文要素（如流量、流速、水位、泥沙等）的一般变化规律，称为水文现象。人们根据过去收集的大量水文观测资料研究分析的结果，发现水文现象具有以下三个基本特性。

1. 不重复性

由于影响水文现象的因素众多，而且各种因素间的关系错综复杂。在一个又一个的周期内（年、月），各种水文现象出现的时间和数量大小每年都不完全相同，称为水文现象的不重复性（也称随机性）。

2. 区域性

由于各地区的地理位置、气象、地形、地貌等因素不同，河流的水文现象在这些因素的综合影响下，具有随区域不同而变化的性质，称为水文现象的区域性（也称地区性）。例如，我国南方河流比北方河流汛期早、水量大，山区河流的洪水暴涨暴落而平原河流涨落平缓，都是明显的区域性的表现。处于同一区域，并且受综合因素影响基本相同的一些河流，其水文现象往往具有相类似的变化规律，这也是区域性的表现。

3. 周期性

气候条件一年四季各不相同，年年如此循环，气候因素明显地以年为周期而变化。直接受气候因素影响的河流水文现象，也同样具有以年为周期而循环变化的性质，这种性质就称为周期性。每一条河流在一年之内，都与气候条件相对应；存在着洪水期、平水期和枯水期的周期性变化规律。在历史年代中，则存在着洪水年、平水年和枯水年的年际周期性变化规律。

研究河流水文现象的方法很多，基于水文现象有以上三个基本特征，目前主要采用数理统计法。在水文原始资料的分析处理方面广泛应用的数理统计法，通常称为水文统计法，它也是推算桥涵设计流量的主要方法。本节将介绍水文统计法中一些有关的基本知识。

二、水文现象的分析研究方法

根据河川水文现象的基本特性，按不同的目的和要求可将分析研究方法归纳为以下三类。

1. 成因分析法

成因分析法，是研究河川水文现象的物理成因以及同其他自然现象（如气候因素、自

然地理因素等）之间的相互关系，通过成因分析寻求水文现象的客观规律，建立水文现象各要素之间的定性、定量关系。这种方法分析推理清楚，物理概念明确，但由于影响因素错综复杂，使定性和定量分析都存在很多困难，目前公路和铁路工程多应用一些半理论半经验的公式。复杂的洪水形成数学模型路桥工程中尚未应用。

2. 地区归纳法

根据河川水文现象的地区性特点，利用实测水文资料进行综合归纳，寻求水文现象区域性分布规律的方法，叫地区归纳法。这种方法以实际资料为依据，虽然缺乏物理成因的分析。但应用较为简易，对于缺乏实测资料的地区有一定的实用意义，常用的有一些水文特征值的地区性经验公式或等值线图、专用计算图表等。

3. 数理统计法

数理统计法又称水文统计法，是利用河川水文现象的随机性特点，对实测水文资料进行统计分析，寻求水文现象的统计规律，预估其今后变化的方法。这种方法是一种数学方法，也是水文分析计算的一种工具。只能推求具体的水文资料的统计规律，不能揭示水文现象的本质，仅在正确应用时才能反映出水文现象的一般规律性。数理统计法是目前大、中桥水文分析计算的基本方法。由于水文现象十分复杂，现有的实测资料不够多，在实际工作中，常常将成因分析法与数理统计法结合起来，尽可能通过各种途径，采用多种方法分析计算，力求得到合理可靠的计算结果。

三、随机变量

1. 事件的分类

自然界的各种现象，按其发生的情况不同，可归纳为三类事件：在具备的一定条件下必然发生的，称为必然事件；在一定条件下不可能发生的，称为不可能事件；在一定条件下可能发生也可能不发生。带有偶然性的，称为随机事件（又称偶然事件）。

例如，由于气候因素周期性的变化，受其影响河流的洪水流量，每年汛期都会出现一次最大的洪峰流量，年年如此，这种水文现象就称为必然事件。在降雨量充沛的汛月，天然河流上游若无阻水及蓄水建筑物，则出现断流是不可能的事件。尽管每年出现一次最大洪峰流量是必然事件，但是每年的最大洪峰流量出现的具体时间和数量却年年变化，不全相同，这种带有偶然性的水文现象称为随机事件。

实践表明，随机事件也具有一定的规律性，这种规律性只能利用大量同类的随机事件统计而得，称为统计规律。这种规律不同于必然事件所具有的客观规律，只能说明大量随机事件的平均情况。数理统计法也只能根据这种规律性预估随机事件今后变化的平均可能情况，而不能推断某一随机事件的具体结果。例如，长期观测河流的每年最大流量，便会发现年最大流量的多年平均值趋于稳定，接近某一定值。同时当历史年代长久时，便会发现某一个较大的年最大流量值大约平均多少年出现一次。据此可以预估该河流今后每年最大洪峰流量变化的平均情况，但是不能确定今后某年的最大流量具体是多少。预估的精确程度与统计资料有直接关系，统计资料越多、越准确，精确程度就越高。

2. 随机变量

多次试验中，随机事件出现的种种结果称为随机变量。水文统计法就是将流量、水位、降雨量等实测水文资料作为随机变量，通过统计分析和计算，推求水文现象（随机事件）客观规律性的方法。

随机变量分为两类：一类是随机变量在某个区间之内，可以取任意数值，称为连续型随机变量。例如，炮弹落点对瞄准点的偏差为连续型随机变量，它是一定范围内的一切实数。另一类是随机变量只能取某些间断的数值，称为不连续型（或离散型）随机变量。例如，掷骰子出现的点数为随机变量，其取值只能是 1~6 的整数。水文资料都属于连续型随机变量，如流量、水位、降雨量等实测水文资料，均可能在最大值和最小值之间的任何数值中出现。

许多随机变量组成的一列数值，称为随机变量系列，简称为系列，其范围可以是有限的，也可以是无限的。水文资料一般都是无限系列，例如，某河流的年最大流量值所组成的随机变量系列即年最大流量系列，应包含河流过去和未来无限长久年代中所有的每年最大洪峰流量值，这就是一个无限系列。

3. 总体与样本

由若干或无数个随机变量组成的系列，称为随机变量系列。相对来说，随机变量的全部称为总体，总体中的一部分称为样本。一条河流，从它形成到消失的漫长年代中，历年最大洪峰流量的全部，就是该河流洪峰流量这个随机变量的总体。但在某一段有限年数内，通过实测或调查得到的某些年洪峰流量值，都只是总体中的一部分，被称为总体的样本。

只能测得某条河流过去有限年的年洪峰流量，而希望了解的未来的年洪峰流量值却是未知的，即知道的只是随机变量系列的样本，未知的是该系列的总体。样本虽然不能完全代表总体，却能反映总体的特性，因此，常用样本的规律来推断总体的规律。

由于根据实测或调查的水文资料（样本）所反映的统计规律不能完全反映总体的客观真实情况，这种由样本推断总体规律带来的误差叫做抽样误差。

4. 几率与频率

几率（又称概率）是指随机系列的总体中，某一事件在客观上出现的可能性。例如无数次地掷一枚质量均匀的硬币，得正面的几率是 0.5。几率是事物固有的客观性质，不随人们试验的情况和次数而变动，是一个常数。

频率是指在一系列重复的独立试验中，某一事件出现的次数与总试验次数（样本的容量）之比，它是一个经验值。显然，频率是随试验次数而变化的，当试验次数较少时，某一事件的出现具有明显的偶然性，但随着总试验次数的增加，频率也逐渐趋于稳定。只有当总试验次数相当大时，频率才可作为几率的近似估计值。

英国生物学家皮尔逊和法国科学家蒲丰曾分别进行了掷币试验，证实了上述关系，其实验结果见表 2-5。

表 2-5 蒲丰和皮尔逊的掷币试验

试验者	掷币次数 n	出现正面次数 n	频率
蒲 丰	4 040	2 048	0.350 8
皮尔逊（Ⅰ）	12 000	6 019	0.501 6
皮尔逊（Ⅱ）	24 000	12 012	0.500 5

由表 2-5 可知，试验次数越多，其频率越接近 0.5（几率），当试验次数无限增多时，频率将趋于几率。水文现象是极其复杂的随机事件，无法事先知道其几率，只能借助于已观

测到的资料（试验结果）计算其频率，并将频率作为几率的近似估计值。因此，搜集的实测资料系列越长，则用频率来推断各水文要素特征值的几率也就越可靠。

综上所述，频率和几率既有区别又有联系。几率是描述随机事件出现可能性大小的抽象数，是个理论值，对于简单事件可事先确定，对于复杂事件则无法事先确定。频率是描述随机事件出现可能性大小的一个具体数，是根据有限的试验结果计算而得到的，将随试验次数的多少而变动，是一个经验值。随试验的不同而变化，当试验次数少（即样本容量小）时，频率与几率值相差大；当试验次数无限增多时，频率趋近于几率。

水文统计法中利用实测或调查的年洪峰流量资料（多次试验结果）计算其频率，并寻求它们的变化规律，推测未来可能出现的规定频率的设计流量。

子学习情境二　随机变量及其概率分布

一、随机变量的概率分布

随机变量可以取所有可能值中的任何一个值，但是取某一可能值的机会是不同的，有的机会大，有的机会小，随机变量的取值与其概率有一定的对应关系。一般将这种对应关系称为概率分布。

通常随机变量用大写字母 X 表示，它的种种可能取值用相应的小写字母 x 表示。若取 n 个，则 $X = x_1$、$X = x_2$、$\cdots$、$X = x_n$。一般将 x_1、x_2、$\cdots$、x_n 称为系列，而可能取值出现的概率用 P 表示。

1. 离散型随机变量的概率分布

离散型随机变量的概率分布一般以分布列表示，见表 2 - 6。

表 2 - 6　离散型随机变量及其概率分布

X	x_1	x_2	$\cdots$	x_i	$\cdots$
$P(X = x_i)$	p_1	p_2	$\cdots$	p_i	$\cdots$

2. 连续型随机变量的概率分布

对于连续型随机变量，无法研究个别值的概率，只能研究某个区间的概率，或是研究事件 $X \geqslant x$ 的概率，以及事件 $X \leqslant x$ 的概率，后面二者可以相互转换，水文统计中常用 $X \geqslant x$ 的概率及其分布。

1）分布函数

设事件 $X \geqslant x$ 的概率用 $P(X \geqslant x)$ 来表示，它是随随机变量取值 x 而变化的，所以 $p(X \geqslant x)$ 是 x 的函数，称为随机变量 x 的分布函数，记为 $F(x)$，即

$$F(x) = P(X \geqslant x) \tag{2-9}$$

它代表随机变量 X 大于等于某一取值 x 的概率。其几何图形如图 2 - 17（b）所示，图中纵坐标表示变量 x，横坐标表示概率分布函数值 $F(x)$，在数学上称此曲线为分布曲线，水文统计中称为随机变量的累积频率曲线，简称频率曲线。

2）分布密度

分布函数导数的负值称为密度函数，记为 $f(x)$，即

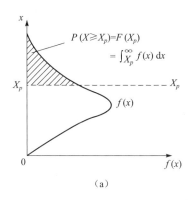
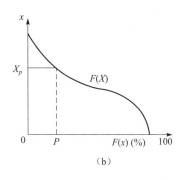

图 2 - 17　随机变量的概率密度函数和概率分布函数

(a) 概率密度函数；(b) 概率分布函数

$$f(x) = -F'(x) = -\frac{\mathrm{d}F(X)}{\mathrm{d}(x)} \qquad (2-10)$$

密度函数的几何曲线称密度曲线。水文中习惯以纵坐标表示变量 x，横坐标表示概率密度函数值 $f(x)$，如图 2 - 17 (a) 所示。

实际上，分布函数与密度函数是微分与积分的关系。因此，已知 $f(x)$，则有

$$F(x) = P(X \geqslant x) = \int_x^\infty f(x)\,\mathrm{d}x \qquad (2-11)$$

其对应关系可在图 2 - 17 (b) 中看出来。

3) 不及制累积概率

当研究事件 $X \leqslant x$ 的概率时，数理统计学中常用分布函数 $G(x)$ 表示

$$G(x) = P(\leqslant x) \qquad (2-12)$$

称不及制累积概率形式，相应的水文统计用的分布函数 $F(x)$ 称为超过制累积概率形式，两者之间有如下关系

$$F(x) = 1 - G(x) \qquad (2-13)$$

二、随机变量的统计参数

说明随机变量统计规律的数字特征，称为随机变量的统计参数。

统计参数有总体统计参数与样本统计参数之分。水文计算中常用的样本统计参数有均值、均方差、变差系数和偏态系数。

1. 均值

均值表示系列中变量的平均情况。设某水文变量的观测系列（样本）为 x_1、x_2、$\cdots$、x_n，则其均值为

$$\bar{x} = \frac{x_1 + x_2 + \cdots + x_n}{n} = \frac{1}{n}\sum_{i=1}^{n} x_i \qquad (2-14)$$

令 $k_i = \dfrac{x_i}{\bar{x}}$，$k$ 称模比系数，则有

$$\bar{k} = \frac{k_1 + k_2 + \cdots + k_n}{n} = \frac{1}{n}\sum_{i=1}^{n} k_i = 1 \qquad (2-15)$$

2. 均方差

均方差是反映系列中各变量集中或离散的程度。若研究系列集中或离散程度，常采用方差 D_x 或均方差 σ，计算公式为

$$D_x = \frac{1}{n}\sum (x_i - \bar{x})^2 \qquad (2-16)$$

$$\sigma = \sqrt{\frac{\sum (x_i - \bar{x})^2}{n}} \qquad (2-17)$$

3. 变差系数

水文计算中用均方差与均值之比作为衡量系列的相对离散程度的一个参数，称为变差系数，或称离差系数、离势系数，用 C_v 表示，其计算式为

$$C_v = \frac{\sigma}{\bar{x}} = \sqrt{\frac{\sum (k_i - 1)^2}{n}} \qquad (2-18)$$

上式说明，C_v 是变量 x 换算成模比系数 k 以后的均方差。

4. 偏态系数

在数理统计中采用偏态系数 C_S 作为衡量系列不对称程度的参数，其计算式为

$$C_S = \frac{\dfrac{\sum (x_i - \bar{x})^3}{n}}{\sigma^2} = \frac{\sum (x_i - \bar{x})^3}{n\sigma^3} \qquad (2-19)$$

上式右端的分子、分母同除以 $\bar{x}^3$，则得

$$C_S = \frac{\sum (k_i - 1)^3}{nc_v^3} \qquad (2-20)$$

当系列对于 $\bar{x}$ 对称时，$C_S = 0$；当系列对于 $\bar{x}$ 不对称时，$C_S \neq 0$。若 $C_S > 0$，称为正偏；若 $C_S < 0$，称为负偏，如图 2-18 所示。

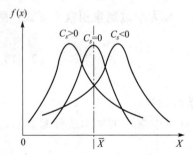

图 2-18　C_v 对密度曲线的影响
（说明：依此显示 $C_S = 0$、$C_S > 0$、$C_S < 0$ 所相应的曲线）

5. 矩

矩在统计学中常用来描述随机变量的分布特征，而均值等统计参数有些可以用矩来表示。矩可分为原点矩和中心矩两种。

1）原点矩

随机变量 X 对原点离差的 r 次幂的数学期望 $E(X^r)$，称为随机变量 X 的 r 阶原点矩，以符号 m_r 表示，即

$$m_r = E(X^r) \quad (r = 1、2、3、\cdots、n) \qquad (2-21)$$

对离散型随机变量，r 阶原点矩为

$$m_r = E(X^r) = \sum_{i=1}^{n} x_i^r p_i \qquad (2-22)$$

对连续型随机变量，r 阶原点矩为

$$m_r = E(X^r) = \int_{-\infty}^{x} x_r f(x)\,\mathrm{d}x \tag{2-23}$$

当 $r = 1$ 时，$m_1 = E(X^1) = \bar{x}$，即一阶原点矩就是数学期望，也就是算术平均数（均值）。

2）中心矩

随机变量 X 对分布中心 $E(X)$ 离差的 r 次幂的数学期望 $E\{[X - E(X)]^r\}$，称为随机变量 X 的 r 阶中心矩，以符号 μ_r 表示，即

$$\mu_r = E\{[X - E(X)]^r\} \tag{2-24}$$

对离散型随机变量，r 阶中心矩为

$$\mu_r = E\{[X - E(X)]^r\} = \sum_{i=1}^{n} [X_i - E(X)]^r p_i \tag{2-25}$$

对连续型随机变量，r 阶中心矩为

$$\mu_r = E\{[X - E(X)]^r\} = \int_{-\infty}^{\infty} [X - E(X)]^r f(x)\,\mathrm{d}x \tag{2-26}$$

当 $r = 2$ 时，$\mu_2 = E\{[X - E(X)]^2\} = \sigma^2$，即二阶中心矩就是标准差的平方（称方差）。

子学习情境三　水文频率曲线线型

一、正态分布

1. 正态分布的密度函数及其参数

正态分布具有如下形式的概率密度函数

$$f(x) = \frac{1}{\sigma\sqrt{2\pi}}\,\mathrm{e}^{-\frac{(x - \bar{x})^2}{2\sigma^2}} \quad (-\infty < x < +\infty) \tag{2-27}$$

式中，$\bar{x}$ 为平均数；

σ 为标准差；

e 为自然对数的底。

2. 频率格纸

正态频率曲线，如图 2-19 所示。在普通格纸上是一条规则的 S 形曲线，它在 $P = 50\%$ 前后的曲线方向虽然相反，但形状完全一样，如图 2-20 中的①线。水文计算中常用的一种"频率格纸"，其横坐标的分划就是按把标准正态频率曲线拉成一条直线的原理计算出来的，如图 2-20 中的②线。

二、对数正态分布

当随机变量 x 的对数值服从正态分布时，称 x 的分布为对数正态分布。对于两参数正态分布而言，变量 x 的对数

$$y = \ln x$$

服从正态分布时，y 的概率密度函数为

$$g(y) = \frac{1}{\sigma_y\sqrt{2\pi}}\exp\left[-\frac{(y - a_y)^2}{2\sigma_y^2}\right] \quad (-\infty < y < +\infty) \tag{2-28}$$

式中，a_y 为随机变量 y 的数学期望；

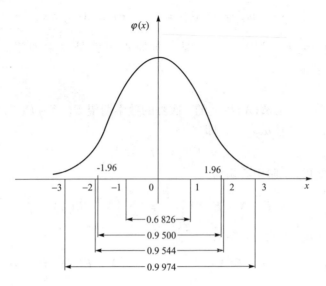

图 2 - 19　正态分布密度曲线

（说明：曲线闪动并固定下来，再将中间阴影显示出来）

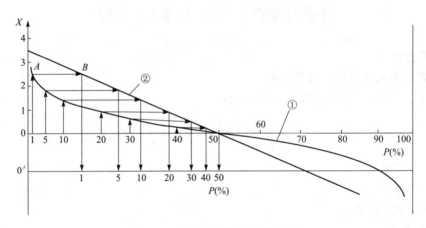

图 2 - 20　频率格纸横坐标的分割

（说明：先绘出曲线，再显示出箭头并闪动，最后绘出曲线）

$\sigma_y{}^2$ 为随机变量 y 的方差。

由此可得到随机变量 x 的概率密度函数为

$$f(x) = \frac{1}{x\sigma_y\sqrt{2\pi}}\exp\left[-\frac{(\ln x - a_y)^2}{2\sigma_y^2}\right]\ (x>0) \qquad (2-29)$$

式（2 - 29）的概率密度函数包含了 a_y 和 σ_y 两个参数，故称为两参数对数正态曲线。

因 $x = e^y$，故式（2 - 29）又可写成

$$f(x) = \frac{1}{x\sigma_y\sqrt{2\pi}}\exp\left[-\frac{(y-\bar{y})^2}{2\sigma_y^2}\right] \qquad (2-30)$$

由矩法可以得到各个统计参数，即

$$\bar{x} = \exp\left(a_y + \frac{1}{2}\sigma_y^2\right) \qquad (2-31)$$

$$C_v = \left[\exp(\sigma_y^2) - 1\right]^{\frac{1}{2}} \qquad (2-32)$$

$$C_S = \left[\exp(\sigma_y^2) - 1\right]^{\frac{1}{2}}\left[\exp(\sigma_y^2) + 2\right] \geqslant 0 \qquad (2-33)$$

所以，两参数对数正态分布是正偏的。

三、皮尔逊Ⅲ（P–Ⅲ）型曲线

1. 皮尔逊Ⅲ型曲线的概率密度函数

皮尔逊Ⅲ型曲线是一条一端有限一端无限的不对称单峰、正偏曲线，如图 2-21 所示，数学上常称伽玛分布，其概率密度函数为

$$f(x) = \frac{\beta^\alpha}{\Gamma(\alpha)}(x - a_0)^{a-1}e^{-\beta(x-a_0)} \qquad (2-34)$$

式中，$\Gamma(\alpha)$ α 的伽玛函数；

α、β、a_0 分别为皮尔逊Ⅲ型分布的形状尺度和位置未知参数，$\alpha > 0$，$\beta > 0$。

显然，三个参数确定以后，该密度函数随之可以确定。可以推论，这三个参数与总体三个参数 $\bar{x}$、C_v、C_S 具有如下关系

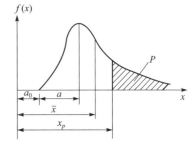

$$
\left.
\begin{aligned}
\alpha &= \frac{4}{C_S^2} \\
\beta &= \frac{2}{\bar{x}\, C_v C_S} \\
a_0 &= \bar{x}\left(1 - \frac{2C_v}{C_S}\right)
\end{aligned}
\right\} \qquad (2-35)
$$

图 2-21 皮尔逊Ⅲ型概率密度曲线
（说明：先绘出曲线，再由左至右闪动
显示箭头所标示的直线）

2. 皮尔逊Ⅲ型频率曲线及其绘制

水文计算中，一般需要求出指定频率 P 所相应的随机变量取值 x_p，也就是通过对密度曲线进行积分，即

$$P = P(x \geqslant x_p) = \frac{\beta^\alpha}{\Gamma(\alpha)}\int_{x_p}^{\infty}(x - a_0)^{\alpha-1}e^{-\beta(x-a_0)}\mathrm{d}x \qquad (2-36)$$

求出等于及大于 x_p 的累积频率 P 值。直接由式（2-36）计算 P 值非常麻烦，实际做法是通过变量转换，变换成下面的积分形式

$$P(\Phi \geqslant \Phi_P) = \int_{\Phi_P}^{\infty}f(\Phi \cdot C_S)\mathrm{d}\Phi \qquad (2-37)$$

式（2-37）中被积函数只含有一个待定参数 C_S，其他两个参数 $\bar{x}$、C_v 都包含在 Φ 中。

$\Phi = \dfrac{x - \bar{x}}{\bar{x}\, C_v}$，是标准化变量，称为离均系数。$\Phi$ 的均值为 0，标准差为 1。因此，只需要假定一个 C_S 值，便可从式（2-37）中通过积分求出 p 与 Φ 之间的关系。对于若干个给定的 C_S 值，Φ_p 和 p 的对应数值表，已先后由美国福斯特和前苏联雷布京制作出来，见表 2-7 皮尔逊Ⅲ型频率曲线的离均系数 Φ_p 值表。由 Φ 值就可以求出相应频率 p 的 x 值，即

$$x = \bar{x}(1 + C_v\Phi) \qquad (2-38)$$

表 2−7　皮尔逊Ⅲ型频率曲线的离均系数 Φ_p 值表（摘录）

P（%）　C_S	0.1	1	5	20	50	80	95	99	99.9
0.0	3.09	2.33	1.64	0.84	0.00	−0.84	−1.64	−2.33	−3.09
0.1	3.23	2.40	1.67	0.84	−0.02	−0.85	−1.62	−2.25	−2.95
0.2	3.38	2.47	1.70	0.83	−0.03	−0.85	−1.59	−2.18	−2.81
0.3	3.52	2.54	1.73	0.82	−0.05	−0.85	−1.55	−2.10	−2.67
0.4	3.67	2.62	1.75	0.82	−0.07	−0.85	−1.52	−2.03	−2.54
0.5	3.81	2.68	1.77	0.81	−0.08	−0.85	−1.40	−1.96	−2.40
0.6	3.96	2.75	1.80	0.80	−0.10	−0.85	−1.45	−1.88	−2.27
0.7	4.10	2.82	1.82	0.79	−0.12	−0.85	−1.42	−1.81	−2.14
0.8	4.24	2.89	1.84	0.78	−0.13	−0.85	−1.38	−1.74	−2.02
0.9	4.39	2.96	1.86	0.77	−0.15	−0.85	−1.35	−1.66	−1.90
1.0	4.53	3.02	1.88	0.76	−0.16	−0.85	−1.32	−1.59	−1.79

3. 皮尔逊Ⅲ型频率曲线的应用

在频率计算时，由已知的 C_S 值，查 Φ 值表得出不同的 P 的 Φ_p 值，然后利用已知的 $\bar{x}$、C_v，通过式（2−38）即可求出与各种 P 相应的 x_p 值，从而绘制出皮尔逊Ⅲ型频率曲线。

当 C_S 等于 C_v 的一定倍数时，P−Ⅲ型频率曲线的模比系数 $K_P = \dfrac{x_p}{\bar{x}}$，也已制成表格，见表 2−8 "皮尔逊Ⅲ型频率曲线的模比系数 K_P 值表"。频率计算时，由已知的 C_S 和 C_v 可以从表 2−8 中查出与各种频率 P 相对应的 K_P 值，然后即可算出与各种频率对应的 $x_p = K_P \bar{x}$。有了 P 和 x_p 的一些对应值，即可绘制出皮尔逊Ⅲ型频率曲线。

表 2−8　皮尔逊Ⅲ型频率曲线的模比系数 K_P 值表（摘录，$C_S = 2C_v$）

P（%）　C_S	0.1	1	5	20	50	75	90	95	99
0.05	1.16	1.12	1.08	1.04	1.00	0.97	0.94	0.92	0.89
0.10	1.34	1.25	1.17	1.08	1.00	0.93	0.87	0.84	0.78
0.20	1.73	1.52	1.35	1.16	0.99	0.86	0.75	0.70	0.59
0.30	2.19	1.83	1.54	1.24	0.97	0.78	0.64	0.56	0.44
0.40	2.70	2.15	1.74	1.31	0.95	0.71	0.53	0.45	0.30
0.50	3.27	2.51	1.94	1.38	0.92	0.64	0.44	0.34	0.21
0.60	3.89	2.89	2.15	1.44	0.89	0.56	0.35	0.26	0.13
0.70	4.56	3.29	2.36	1.50	0.85	0.49	0.27	0.18	0.08
0.80	5.30	3.71	2.57	1.54	0.80	0.42	0.21	0.12	0.04
0.90	6.08	4.15	2.78	1.58	0.75	0.35	0.15	0.08	0.02
1.00	6.91	4.61	3.00	1.61	0.69	0.29	0.11	0.05	0.01

四、经验频率曲线

上述各种频率曲线是用数学方程式来表示的，属于理论频率曲线。在水文计算中还有一种经验频率曲线，是由实测资料绘制而成的，它是水文频率计算的基础，具有一定的实用性。

1. 经验频率曲线的绘制

根据实测水文资料,按从大到小的顺序排列,如图 2-22 所示,然后用经验频率公式计算系列中各项的频率,称为经验频率。以水文变量 x 为纵坐标,以经验频率 p 为横坐标,点绘经验频率点据,根据点群趋势绘出一条平滑的曲线,称为经验频率曲线,图 2-23 为某站年最大洪峰流量经验频率曲线。有了经验频率曲线,即可在曲线上求得指定频率 p 的水文变量值 x_p。

对经验频率的计算,目前我国水文计算上广泛采用的是数学期望公式,即

$$p = \frac{m}{n+1} \times 100\% \tag{2-39}$$

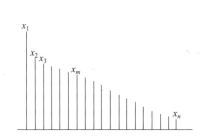

图 2-22　水文系列按大小排列示意图
（说明:从左至右,一条一条地显示出来）

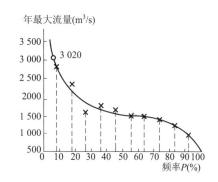

图 2-23　某站年最大洪峰流量经验频率曲线
（说明:从左至右,一条一条地显示出来后,
再在闪动中显示曲线）

式中,p 等于和大于 x_m 的经验频率;

　　　m 为 x_m 的序号,即等于和大于 x_m 的项数;

　　　n 为系列的总项数。

2. 经验频率曲线存在的问题

经验频率曲线计算工作量小,绘制简单,查用方便,但受实测资料所限,往往难以满足设计上的需要。为此,提出用理论频率曲线来配合经验点据,这就是水文频率计算适线（配线）法。

五、频率与重现期的关系

频率曲线绘制后,就可在频率曲线上求出指定频率 p 的设计值 x_p。由于"频率"较为抽象,水文上常用"重现期"来代替"频率"。所谓重现期是指某随机变量的取值在长时期内平均多少年出现一次,又称多少年一遇。根据研究问题的性质不同,频率 P 与重现期 T 的关系有两种表示方法。

（1）当为了防洪研究暴雨洪水问题时,一般设计频率 $P < 50\%$,则有

$$T = \frac{1}{p} \tag{2-40}$$

式中,T 为重现期,年;

　　　p 为频率,%。

（2）当研究枯水问题时,设计频率 $P > 50\%$,则有

$$T = \frac{1}{1-p} \tag{2-41}$$

子学习情境四 频率曲线参数估计方法

在概率分布函数中都含有一些表示分布特征的参数，例如皮尔逊 III 型分布曲线中就包含有 $\bar{x}$、C_v、C_S 三个参数。水文频率曲线线型选定之后，为了具体确定出概率分布函数，就得估计出这些参数。

目前，由样本估计总体参数的方法主要有矩法、三点法、权函数法等。

一、矩法

矩法是用样本矩估计总体矩，并通过矩和参数之间的关系，来估计频率曲线参数的一种方法。

由前面知识可知一阶原点矩的计算公式就是均值 $\bar{x}$，均方差 σ 的计算式为二阶中心矩开方，偏态系数 C_S 计算式中的分子则为三阶中心矩。由此，得到计算参数的公式（2 – 42）、式（2 – 43）、式（2 – 44）。它们与相应的总体同名参数不一定相等。但是，希望由样本系列计算出来的统计参数与总体更接近些，因此，需要将上述公式加以修正，修正后的参数计算式为

$$\bar{x} = \frac{1}{n} \sum_{i=1}^{n} x_i \tag{2 – 42}$$

$$\sigma = \sqrt{\frac{\sum (x_i - \bar{x})^2}{n - 1}} \qquad C_v = \sqrt{\frac{\sum (k_i - 1)^2}{n - 1}} \tag{2 – 43}$$

$$C_S \approx \frac{\sum (k_i - 1)^3}{(n - 3) C_v^3} \tag{2 – 44}$$

水文计算上习惯称上述公式为无偏估值公式，并用它们估算总体参数，作为配线法的参考数值（配线法将在下面介绍）。

二、三点法

三点法是在已知的皮尔逊 III 型曲线上任取三点，其坐标为 (x_{p1}, p_1)、(x_{p2}, p_2) 和 (x_{p3}, p_3)，由此可以建立 3 个方程，联解便可得到 3 个统计参数。

先按经验频率点绘出经验频率曲线，并假定它近似代表皮尔逊 III 型曲线。在此曲线上取 3 个点：p_2 一般都取 50%，p_1 和 p_3 则取对称值，即 $p_3 = 1 - p_2$，一般多用 $p = 5\%$ ~ 50% ~ 95%；相应有 x_{p1}、x_{p2}、x_{p3} 三个值，如图 2 – 24 所示。

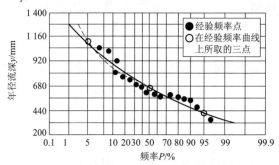

图 2 – 24 三点法在经验频率曲线上取点示意图

（说明：点出经验频率点据，再绘出频率曲线，取的三个点闪动几下后固定）

令
$$s = \frac{x_{p1} + x_{p3} - 2x_{p2}}{x_{p1} - x_{p3}} \qquad (2-45)$$

式中，s 为偏度系数，当 p_1、p_2、p_3 已取定时，则有

$$s = M(C_S) \qquad (2-46)$$

的函数关系，并已制成"三点法用表 $-P = 5\% \sim 50\% \sim 95\%$ 时 s 与 C_S 关系表"，见表 2 – 9，当用式（2 – 45）计算出 s 后，就可从查算表中查出相应的 C_S 值。统计参数可用下式计算

$$\sigma = \frac{x_{p1} - x_{p3}}{\varPhi(p_1, C_S) - \varPhi(p_3, C_S)} \qquad (2-47)$$

及
$$\bar{x} = x_{p2} - \sigma\, \varPhi(p_2, C_S)$$

$$C_v = \frac{\sigma}{\bar{x}}$$

其中离均系数 $\varPhi(p_1, C_S)$、$\varPhi(p_2, C_S)$ 和 $\varPhi(p_3, C_S)$ p_2 可从已知的 p、C_S 查表 2 – 7"皮尔逊Ⅲ型频率曲线的离均系数 $\varPhi_p$ 值表"得到，进一步可计算出 σ、$\bar{x}$ 和 C_v。

表 2 – 9　三点法用表—$P = 5\% \sim 50\% \sim 95\%$ 时 S 与 C_S 关系表

S	0.00	0.01	0.02	0.03	0.04	0.05	0.06	0.07	0.08	0.09
0.0	0.00	0.04	0.08	0.12	0.16	0.20	0.24	0.27	0.31	0.35
0.1	0.38	0.41	0.45	0.48	0.52	0.55	0.59	0.63	0.66	0.70
0.2	0.73	0.76	0.80	0.84	0.87	0.90	0.94	0.98	1.01	1.04
0.3	1.08	1.11	1.14	1.18	1.21	1.25	1.28	1.31	1.35	1.33
0.4	1.42	1.46	1.49	1.52	1.56	1.59	1.63	1.66	1.70	1.74
0.5	1.78	1.81	1.85	1.88	1.92	1.95	1.99	2.03	2.06	2.10
0.6	2.13	2.17	2.20	2.24	2.28	2.32	2.36	2.40	2.44	2.48
0.7	2.53	2.57	2.62	2.66	2.70	2.76	2.81	2.86	2.91	2.97
0.8	3.02	3.07	3.13	3.19	3.25	3.32	3.38	3.46	3.52	3.60
0.9	3.70	3.80	3.91	4.03	4.17	4.32	4.49	4.72	4.94	5.43

子学习情境五　水文频率计算适线法

适线法（或称配线法）是以经验频率点据为基础，在一定的适线准则下，求解与经验点据拟合最优的频率曲线参数，是我国估计水文频率曲线统计参数的主要方法。适线法主要有两大类，即目估适线法和优化适线法。

一、目估适线法

1. 目估配线法的作法与步骤

目估配线法又称目估适线法，是以经验频率点据为基础，给它们选配一条符合较好的理论频率曲线，并以此来估计水文要素总体的统计规律。具体步骤如下。

（1）将实测资料由大到小排列，计算各项的经验频率，在频率格纸上点绘经验点据（纵坐标为变量的取值，横坐标为对应的经验频率）。

（2）选定水文频率分布线型（一般选用皮尔逊Ⅲ型）。

（3）先采用矩法或其他方法估计出频率曲线参数的初估值 $\bar{x}$ 和 C_v，而 C_S 凭经验初选为 C_v 的倍数。

（4）根据拟定的 $\bar{x}$、C_v 和 C_S，查表 2 - 7 或表 2 - 8，计算 x_p 值。以 x_p 为纵坐标，p 为横坐标，即可得到频率曲线。将此线画在绘有经验点据的图上，看与经验点据配合的情况。若不理想，可通过调整 $\bar{x}$、C_v 和 C_S 点绘频率曲线。

（5）最后根据频率曲线与经验点据的配合情况，从中选出一条与经验点据配合较好的曲线作为采用曲线，相应于该曲线的参数便看做是总体参数的估值。

（6）求指定频率的水文变量设计值。

2. 统计参数对频率曲线的影响

为了避免配线时调整参数的盲目性，必须了解皮尔逊Ⅲ型分布的统计参数对频率曲线的影响。

1）均值 $\bar{x}$ 对频率曲线的影响

当皮尔逊Ⅲ型频率曲的两个参数 C_v 和 C_S 不变时，由于均值 $\bar{x}$ 的不同，可以使频率曲线发生很大的变化，如图 2 - 25 所示。

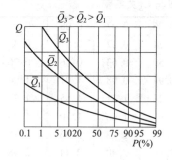

图 2 - 25　均值 $\bar{x}$ 对频率曲线的影响

（说明：随着 $\bar{x}$ 变化，曲线作相应变化）

2）变差系数 C_v 对频率曲线的影响

为了消除均值 $\bar{x}$ 的影响，以模比系数 K 为变量绘制频率曲线，如图 2 - 26 所示。图中 $C_S = 1.0$。$C_v = 0$ 时，随机变量的取值都等于均值，此时频率曲线即为 $k = 1$ 的一条水平线，随着 C_v 的增大，频率曲线的偏离程度也随之增大，曲线显得越来越陡。

3）偏态系数 C_S 对频率曲线的影响

图 2 - 27 表示 $C_v = 0.1$ 时种种不同的 C_S 对频率曲线的影响情况。从图中可以看出，正偏情况下，C_S 愈大，均值（即图中 $k = 1$）对应的频率愈小，频率曲线的中部愈向左偏，且上段愈陡，下段愈平缓。

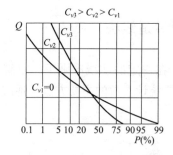

图 2 - 26　变差系数 C_v 对频率曲线的影响

（说明：随着 C_v 变化，曲线作相应变化）

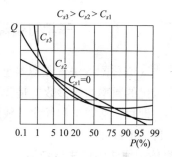

图 2 - 27　偏态系数 C_S 对频率曲线的影响

（说明：随着 C_S 变化，曲线作相应变化）

项目三

桥涵设计基础

学习情境一　大中桥设计流量的推算

学习目标： 能够为大中桥设计流量的推算准备齐资料
　　　　　　掌握大中桥设计流量的推算方法
能力目标： 能够进行大中桥设计流量的推算

桥涵设计流量的推算，应按《公路工程水文勘测设计规范》（JTG C30—2002）的要求，根据所掌握的资料情况，选择适当的计算方法。目前，对于大、中河流，具有足够的实测流量资料时，主要采用水文统计法，而缺乏实测流量资料时，则多采用间接方法或经验公式计算。

子学习情境一　资料的准备和分类

一、资料的来源

水文资料主要从三方面获得：一是水文站的观测资料，它主要包括水文站实测断面的年最大洪峰流量和关系曲线；二是形态调查资料，有关内容已在项目一中叙述；三是文献考证资料，即历史文献和档案资料，包括如地方志、档案或碑文中有关洪水灾害的记载，洪水位和淹没范围，以及有关的规划设计（如铁路、水电站、城镇）中所收集的水文资料。

二、水文统计对资料的要求

1. 应具有一致性

水文统计法是利用已有的水文资料进行统计计算，并以统计规律推断未来的情况。统计计算要求同一系列中的所有资料必须是同一类型和在同样条件下产生的。因此，性质不同的水文资料就不能统计在一起进行分析计算。

2. 应具有代表性

水文统计是以样本推算总体的参数值，样本的代表性直接影响计算结果。因此，系列应包括丰水、平水、枯水年在内。否则会因推算结果偏大或偏小而不符合总体的客观规律。频率计算时，一般要求实测年份多于 20 年。无论实测期长短，均须进行历史洪水的调查和考证工作，以增加系列的代表性。

3. 应具有独立性

统计计算要求同一系列中的所有（变量）资料，必须是相互独立的。如各年的洪峰流量都是独立发生的。

4. 具有可靠性

对不同时期的观测资料的可靠性，须仔细分析，必要时应实地调查，采用可靠或比较可靠的数据。洪水标志物已有较大变化，洪痕位置不具体和精度不高的资料仅供参考。资料可靠性审查的重点应放在对设计洪水影响较大的首要几项洪水的分析论证上。资料的客观、准确，是保证统计计算结果符合客观规律的必要条件。因此，必须对收集的资料反复检查和核对。

三、资料的分类

当水文站实测资料系列较短或有缺测年份时，首先考虑用相关分析的方法，利用上下游或临近河流水文站的有关资料，对该站资料系列进行插补延长。

（1）经相关分析插补延长后，具有 20 年以上观测资料时，按连续系列推算规定频率的流量可采用求矩适线法推算。

（2）连续或不连续 20 年以上观测资料，同时具有洪水调查（或文献考证）资料时，按不连续系列推算规定频率流量。

（3）无观测（或较少）资料时，可通过形态调查并根据调查的历史洪水推算设计流量。也可根据地区水文要素的分布规律，制定经验公式和等值线图计算设计流量。

子学习情境二　资料中特大洪水的处理

一、频率的计算

特大洪水是指实测系列和调查到的历史洪水中，比一般洪水大得多的稀遇洪水。我国测流量资料系列一般不长，通过插补延长的系列也有限，若只根据短系列资料，当出现一次新的大洪水以后，设计洪水数值就会发生变动，所得成果很不稳定。如果在频率计算中能够正确利用特大洪水资料，则会提高计算成果的稳定性。

特大洪水一般指的是历史洪水，但是在实测洪水系列中，若有大于历史洪水或数值相当大的洪水，也作为特大洪水。洪水系列（洪峰或洪量）有两种情况，一是系列中没有特大洪水值，在频率计算时，各项数值直接按大小次序统一排位，各项之间没有空位，序数 m 是连续的，称为连续系列，如图 3 − 1（a）所示；二是系列中有特大洪水值，特大洪水值的重现期（N）必然大于实测系列年数 n，而在 $N—n$ 年内各年的洪水数值无法查得，它们之间存在一些空位，由大到小是不连续的，称为不连续系列，如图 3 − 1（b）所示。

特大洪水处理的关键是特大洪水重现期的确定和经验频率计算。所谓重现期是指某随机变量的取值在长时期内平均多少年出现一次，又称多少年一遇。特大洪水中历史洪水的数值确定以后，要分析其在某一代表年限内的大小序位，以便确定洪水的重现期。目前我国根据资料来源不同，将与确定历史洪水代表年限有关的年份分为实测期、调查期和文献考证期。

实测期是从有实测洪水资料年份开始至今的时期。调查期是在实地调查到若干可以定量的历史大洪水的时期。文献考证期是从具有连续可靠文献记载历史大洪水的时期。调查期以前的文献考证期内的历史洪水，一般只能确定洪水大小等级和发生次数，不能定量。

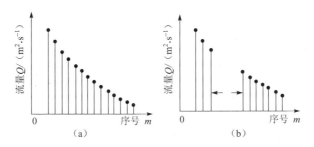

图 3 - 1　连续系列和不连续系列示意图
(a) 连续系列；(b) 不连续系列

历史洪水包括实测期内发生的特大洪水，都要在历史洪水代表年限中进行排位，在排位时不仅要考虑已经确定数值的特大洪水，也要考虑不能定量但能确定其洪水等级的历史洪水，并排出序位。

在洪水频率计算中，经验频率是用来估计系列中各项洪水的超过概率，以便在几率格纸上点绘洪水点子，构成经验分布，因此，首先要估算系列的经验频率。

连续系列中各项经验频率的计算方法，已经论述，不予重复。

不连续系列的经验频率，有以下两种估算方法。

(1) 把实测系列与特大值系列都看做是从总体中独立抽出的两个随机连续样本，各项洪水可分别在各个系列中进行排位，实测系列的经验频率仍按连续系列经验频率公式

$$P_m = \frac{m}{n+1} \tag{3-1}$$

计算。特大洪水系列的经验频率计算公式为

$$P_m = \frac{M}{N+1} \tag{3-2}$$

式中，P_m 为实测系列第 m 项的经验频率；

m 为实测系列由大至小排列的序号；

n 为实测系列的年数；

P_M 为特大洪水的序号的经验频率；

M 为特大洪水由大至小排列的序号；

N 为自最远的调查考证年份至今的年数。

当实测系列内含有特大洪水时，此特大洪水亦应在实测系列中占序号。例如，实测为 30 年，其中有一个特大洪水，则一般洪水最大项应排在第二位，其经验频率 $P_2 = 2/(30 + 1) = 0.0645$。

(2) 将实测系列与特大值系列共同组成一个不连续系列，作为代表总体的一个样本，不连续系列各项可在历史调查期 N 年内统一排位。

假设在历史调查期 N 年中有特大洪水 a 项，有 l 项发生在 n 年实测系列之内，其中的特大洪水的经验频率仍用式 (3-2) 计算。实测系列中其余的 $(n-l)$ 项，则均匀分布在 $1 - P_{Ma}$ 频率范围内，P_{Ma} 为特大洪水第末项 $M = a$ 的经验频率，即

$$P_{Ma} = \frac{a}{N+1} \tag{3-3}$$

实测系列第 m 项的经验频率计算公式为

$$P_m = P_{Ma} + (1 - P_{Ma}) \frac{m - l}{n - l + 1} \tag{3-4}$$

上述两种方法在我国目前都在使用，第一种方法比较简单，但是在使用式（3-1）和式（3-2）点绘不连续系列时，会出现所谓的"重叠"现象，而且在假定不连续系列是两个相互独立的连续样本条件下，没有对式（3-1）作严格的推导。当调查考证期 N 年中为首的数项历史洪水确系连续而无错漏，为避免历史洪水的经验频率与实测系列经验频率的重叠现象，采用第二种方法较为合适。

二、频率曲线参数估计

在洪水频率计算中，我国规范统一规定采用适线法。适线法有两种：一种是经验适线法（或称目估适线法），另一种是优化适线法。

经验适线法是在经验频率点据和频率曲线线型确定之后，通过调整参数使曲线与经验频率点据配合得最好，此时的参数就是所求的曲线线型的参数，从而可以计算设计洪水值。适线法的原则是尽量照顾点群的趋势，使曲线通过点群中心，当经验点据与曲线线型不能全面拟合时，可侧重考虑上中部分的较大洪水点据，对调查考证期内为首的几次特大洪水，要作具体分析。一般来说，年代愈久的历史特大洪水加入系列进行配线，对合理选定参数的作用愈大，但这些资料本身的误差可能较大。因此，在适线时不宜机械地通过特大洪水点据，否则会使曲线对其他点群偏离过大，但也不宜脱离大洪水点据过远。

用适线法估计频率曲线的统计参数分为初步估计参数、用适线法调整初估值以及对比分析三个步骤。

矩法是一种简单的经典参数估计方法，它无需事先选定频率曲线线型，因而是洪水频率分析中广泛使用的一种方法。由矩法估计的参数及由此求得的频率曲线总是系数偏小，其中尤以 C_S 偏小更为明显。

在用矩法初估参数时，对于不连续系列，假定 $n - l$ 年系列的均值和均方差与除去特大洪水后的 $N - a$ 年系列的相等，即 $\bar{x}_{N-a} = \bar{x}_{n-l}$，$\sigma_{N-a} = \sigma_{n-l}$，可以导出参数计算公式为

$$\bar{x} = \frac{1}{N} \left[\sum_{j=1}^{a} x_j + \frac{N-a}{n-l} \sum_{i=l+1}^{n} x_i \right] \tag{3-5}$$

$$C_v = \frac{1}{\bar{x}} \sqrt{\frac{1}{N-1} \left[\sum_{j=1}^{a} (x_j - \bar{x})^2 + \frac{N-a}{n-l} \sum_{i=l+1}^{a} (x_i - \bar{x})^2 \right]} \tag{3-6}$$

式中，x_j 为特大洪水，$j = 1$、2、$\cdots$、a；

x_i 为一般洪水，$i = l + 1$、$l + 2$、$\cdots$、n；

其余符号意义同前。

偏态系数 C_S 属于高阶矩，用矩法算出的参数值及由此求得的频率曲线与经验点据往往相差较大，故一般不用矩法计算，而是参考附近地区资料选定一个 C_S/C_v 值。对于 $C_v < 0.5$ 的地区，可试用 $C_S/C_v = 3 \sim 4$ 进行配线；对于 $0.5 < C_v < 1.0$ 的地区，可试用 $C_S/C_v = 2.5 \sim 3.5$ 进行配线；对于 $C_v > 1.0$ 的地区，可试用 $C_S/C_v = 2 \sim 3$ 进行配线。

如项目二所述，权函数法在于引入一个权函数，用一阶与二阶加权中心矩来推求 C_S 可以提高皮尔逊Ⅲ型的偏态系数计算精度，但权函数法本身不能估计 $\bar{x}$ 和 C_v，属于单参数估

计，仍需借助其他方法（如矩法），且 C_S 的精度受 $\bar{x}$ 和 C_v 估算精度的影响。

［例 3 - 1］   某水文站经过插补延长后 32 年连续年最大流量资料列于表 3 - 1 第 3 栏，用求矩适线法推求规定洪水频率为 2% 和 1 % 的流量。

解：（1）计算经验频率，绘制经验频率曲线。

首先把历年的年最大流量资料，按递减顺序排列，见表 3 - 1 第 5 栏，然后用数学期望公式计算各流量的经验频率，列入表 3 - 1 第 8 栏，最后按表中经验频率和流量的对应值，在海森几率格纸上绘出经验频率曲线，如图 3 - 2 所示。

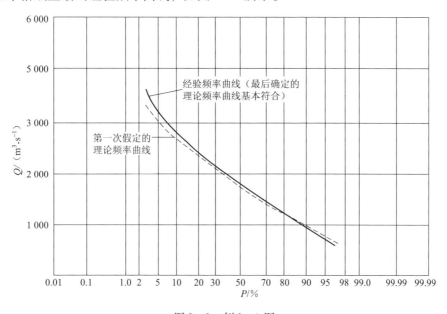

图 3 - 2   例 3 - 1 图

（2）为理论频率曲线初选三个参数，首先按式（3 - 3）计算。

$$\overline{Q} = \frac{1}{n}\sum_{i=1}^{n}Q_i = \frac{1}{32} \times 56\,097 = 1\,753\ (\text{m}^3/\text{s}) \qquad C_v = \sqrt{\frac{\sum\limits_{i=1}^{n}K_i^2 - n}{n - 1}} = \sqrt{\frac{36.\,812}{32 - 1}} = 0.\,394$$

然后按公式 $K_i = \dfrac{Q_i}{\overline{Q}}$ 计算 K_i 和 K_i^2，列入表 3 - 1 第 6、7 栏，按式（3 - 4）计算 C_v。

最后假定 $C_S = 1.5C_v = 1.5 \times 0.394 = 0.591$，此时的 $\overline{Q}$、C_v、C_S 即为理论频率曲线的初选三个参数。

表 3 - 1   例 3 - 1 表

顺序号	按年份顺序排列		按流量大小排列		K_i	K_i^2	经验频率/% $P = \dfrac{m}{n+1} \times 100\%$
	年份	流量/ (m³·s⁻¹)	年份	流量/ (m³·s⁻¹)			
1	2	3	4	5	6	7	8
1	1964	2 000	1991	3 614	2.062	4.250	3.0
2	1965	2 100	1980	2 950	1.683	2.832	6.1

顺序号	按年份顺序排列		按流量大小排列		K_i	K_i^2	经验频率/% $P=\dfrac{m}{n+1}\times100\%$
	年份	流量/（m³·s⁻¹）	年份	流量/（m³·s⁻¹）			
3	1966	767	1985	2 600	1.483	2.200	9.1
4	1967	1 781	1974	2 500	1.426	2.034	12.1
5	1968	1 284	1975	2 408	1.374	1.887	15.2
6	1969	1 507	1971	2 380	1.358	1.843	18.2
7	1970	2 145	1981	2 253	1.285	1.652	21.2
8	1971	2 380	1982	2 250	1.284	1.647	24.2
9	1972	2 170	1972	2 170	1.238	1.532	27.3
10	1973	1 700	1970	2 145	1.224	1.497	30.3
11	1974	2 500	1965	2 100	1.198	1.435	33.3
12	1975	2 408	1976	2 088	1.191	1.419	36.4
13	1976	2 088	1964	2 000	1.141	1.302	39.4
14	1977	600	1986	1 900	1.084	1.175	42.4
15	1978	1 080	1994	1 850	1.055	1.114	45.5
16	1979	840	1967	1 781	1.016	1.032	48.5
17	1980	2 950	1973	1 700	0.970	0.940	51.5
18	1981	2 253	1987	1 650	0.941	0.886	54.5
19	1982	2 250	1995	1 530	0.873	0.762	57.6
20	1983	1 100	1969	1 507	0.860	0.739	60.6
21	1984	1 480	1984	1 480	0.844	0.713	63.6
22	1985	2 600	1990	1 360	0.776	0.602	66.7
23	1986	1 900	1988	1 300	0.742	0.550	69.7
24	1987	1 650	1968	1 284	0.732	0.536	72.7
25	1988	1 300	1983	1 100	0.627	0.394	75.8
26	1989	1 000	1978	1 080	0.616	0.380	78.8
27	1990	1 360	1993	1 010	0.576	0.332	81.8
28	1991	3 614	1989	1 000	0.570	0.325	84.8
29	1992	900	1992	900	0.513	0.264	87.9
30	1993	1 010	1979	840	0.479	0.230	90.9
31	1994	1 850	1 966	767	0.438	0.191	93.9
32	1995	1 530	1977	600	0.342	0.117	97.0
合　计				56 097	32.001	36.812	

（3）适线选定三个参数。

在适线过程中，为了便于与经验频率曲线相比较，在资料实测范围内尽可能地远，根据

所求频率 P，选若干个频率点列出适线对比表 3 - 2。用初选三个参数确定的第一次假定的理论频率曲线计算值列于表 3 - 2 第 3 行，表中 Φ 值在附录表中查找，对应流量按 $Q_p = (1 + C_v \Phi_p) \overline{Q}$ 来计算。

表 3 - 2 适线对比表

		$P/\%$		5	10	20	50	75	90	95
	经验频率曲线		Q	3 100	2 770	2 400	1 750	1 280	900	700
理论频率曲线	（一）	$\overline{Q}=1\,753\ C_v=0.394$	Φ	1.80	1.33	0.80	-0.10	-0.72	-1.20	-1.45
		$C_S=1.5\ C_v=0.591$	Q	2 996	2 672	2 306	1 684	1 256	924	752
	（二）	$\overline{Q}=1\,753\ C_v=0.41$	Φ	1.80	1.33	0.80	-0.10	-0.72	-1.20	-1.45
		$C_S=1.5\ C_v=0.615$	Q	3 047	2 708	2 328	1 681	1 236	891	711
	（三）	$\overline{Q}=1\,753\ C_v=0.41$	Φ	1.76	1.32	0.81	-0.08	-0.71	-1.22	-1.50
		$C_S=1.1\ C_v=0.451$	Q	3 018	2 702	2 335	1 696	1 243	876	675
	（四）	$\overline{Q}=1\,805\ C_v=0.41$	Φ	1.76	1.32	0.81	-0.08	-0.71	-1.22	-1.50
		$C_S=1.1\ C_v=0.451$	Q	3 107	2 782	2 404	1 746	1 280	902	695

根据第一次假定的理论频率曲线计算各 Q 值，与经验频率曲线各 Q 值对比可见，整条曲线左低右高，这是由于求矩适线法公式计算的变差系数 C_v 偏小，故可稍微加大理论频率曲线的 C_v 值进行试算。

根据第二次假定，可见整条理论频率曲线下凹严重，故应减小理论频率曲线的 C_S 值。

根据第三次假定的理论频率曲线计算的各流量 Q 值，从适线对比表（特别是 $P = 50\%$ 处）可见整条曲线偏低，应加大理论频率曲线的均值 $\overline{Q}$。

最后第四次假定的理论频率曲线与经验频率曲线符合得较好，因此选定的三个参数分别为

$$\overline{Q} = 1\,805\ \mathrm{m^3/s} \quad C_v = 0.41 \quad C_S = 0.451$$

（4）根据确定的三个参数，推算规定频率流量。

$$Q_{1\%} = (1 + C_v \Phi_{1\%})\overline{Q} = (1 + 2.65 \times 0.41) \times 1\,805 = 3\,766\ (\mathrm{m^3/s})$$

$$Q_{2\%} = (1 + C_v \Phi_{2\%})\overline{Q} = (1 + 2.29 \times 0.41) \times 1\,805 = 3\,500\ (\mathrm{m^3/s})$$

子学习情境三 缺乏观测资料的规定频率流量推算

当收集的水文资料较少，不能达到"有观测资料"规定的要求；或者当无观测资料时，可按以下几种情况来确定规定频率的流量。

（1）当调查的历史洪水位处于比降均一、河道顺直、河床断面较规整的稳定均匀流河段时，可按下列公式计算。

$$Q = A_c v_c + A_t v_t \tag{3-7}$$

$$v_c = \frac{1}{n_c} R_c^{\frac{2}{3}} i^{\frac{1}{2}} \tag{3-8}$$

$$v_t = \frac{1}{n_t} R_t^{\frac{2}{3}} i^{\frac{1}{2}} \quad (3-9)$$

式中，R_c、R_t 分别为河槽、河滩水力半径，当宽深比大于 10 时，可用平均水深代替。

（2）稳定非均匀流历史洪峰流量。虽然本教材非均匀流仅限于棱柱体渠道内讨论，但是《公路工程水文勘测设计规范》（JTG C30—2002）以及最新颁布的《公路桥涵设计通用规范》（JTG D60—2004）、《公路圬工桥涵设计规范》（JTG D61—2005）中根据工程实际，对非棱柱体河段稳定非均匀流历史洪峰流量提出了以下计算方法。

当河段内各断面的形状和面积相差较大，各断面通过的流量虽然相同，但各断面的水深和流速却不一样，其洪峰流量 Q 为

$$Q_n = \overline{K} \sqrt{\frac{\Delta H}{L - \left(\frac{1-\xi}{2g}\right)\left(\frac{\overline{K}^2}{A_1^2} - \frac{\overline{K}^2}{A_2^2}\right)}} \quad (3-10)$$

式中，ΔH 为两断面间的水位差（m），$\Delta H = H_1 - H_2$；

H_1、H_2 为河段内所取上下游两断面的水位高程（m）；

A_1、A_2 为上下游两断面的过水断面面积（m^2）；

$\overline{K}$ 为上下两断面的输水系数平均值，$\overline{K} = \sqrt{K_1 K_2}$ 或 $\overline{K} = \frac{1}{2}\sqrt{K_1 + K_2}$；

K_1、K_2 为上下游两断面的输水系数，$K = \frac{1}{n_c} A_c R^{\frac{2}{3}} t + \frac{1}{n_t} A_t R_t^{\frac{2}{3}}$；

L 为上下游两断面的距离（m）；

ξ 为局部水头损失系数，断面向下游收缩时，$\xi = 0 \sim 0.1$；向下游逐渐扩散时，$\xi = 0.3 \sim 0.5$；断面向下游突然扩散时 $\xi = 0.5 \sim 1.0$；收缩河段用 $1+\xi$，扩散河段用 $1-\xi$。

（3）当各次历史洪水流量不能在海森几率格纸上定出经验频率曲线时，可按以下方法推算设计流量。

① 参照地区资料选定 C_v、C_S 值；

② 按以下公式计算平均流量：

$$\overline{Q}_i = \frac{Q_i}{1 + \Phi_p C_v} \quad (3-11)$$

$$\overline{Q} = \frac{\sum_{i=1}^{n} \overline{Q}_i}{n} \quad (3-12)$$

式中，$\overline{Q}_i$ 为按第 i 次历史洪水流量计算的平均流量（m^3/s）；

Q_i 为第 i 次重现期为 T 年的历史洪水流量（m^3/s）；

Φ_p 为重现期为 T 年的离散系数；

n 为历史洪水流量的年次数。

③ 按式 $Q_p = (1 + C_v \Phi_p)\overline{Q}$ 推算设计流量。

（4）无资料地区，可按地区经验公式及水文参数求算设计流量。求算的设计流量应有历史洪水流量的验证。

（5）汇水面积小于 100 km² 的河流（即小流域），可按暴雨推理公式计算，或者采用经验公式计算（具体公式可以参阅相关书籍）。

子学习情境四 不同断面流量间的关系

水文断面包括水文站实测断面、洪水调查处断面以及路线轴线与水流正交时的桥涵位断面。为了便于讨论不同断面流量间的关系，先假定包括水文站实测或调查断面处的水文断面与桥涵位断面不在同处，如图 3 – 3 所示。

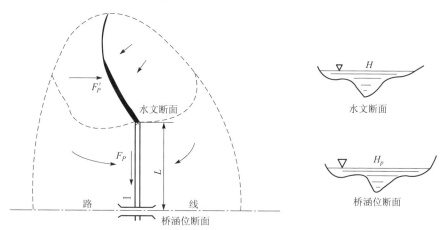

图 3 – 3 水文断面与桥涵位断面各种流量和水位之间的关系

一、水文断面与桥涵位断面各种流量和水位之间的关系

1. 图 3 – 4 中各项符号的意义

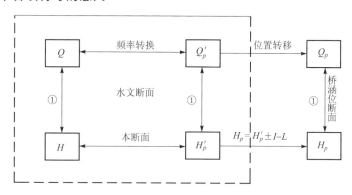

图 3 – 4 各种流量、水位间的关系示意

Q 为水文断面处历史洪峰流量或多年平均洪峰流量，是以实测或调查时所得的资料而定的。H 则为与流量对应的水文断面处历史洪水位或多年平均的洪水位。

Q'_p 为水文断面处由设计桥涵规定的频率的流量，H'_p 则为与 Q'_p 相对应的水文断面处规定的频率的水位。

Q_p 为桥涵位规定的频率的设计流量，H_p 则为桥涵位的设计水位。

2. 图 3 – 4 中纵向各对应流量和水位之间的关系

Q 与是 H 同一水文断面上对应的流量与水位，Q'_p 与 H'_p 仍在同一水文断面上但是由桥涵规定频率制约的对应流量与水位，因此纵向相互间都可用曼宁公式来计算，并且都符合同一断面的 H—A—v—Q 曲线规律，即可绘制此曲线并用以校核。

Q_p 与 H_p 是同一桥涵位对应的设计流量与水位，相互间的换算也可用均匀流公式计算，并以桥涵位 H—A—v—Q 曲线校核。

3. 图 3 - 4 中横向各流量及水位之间的联系

Q 与 Q'_p 之间的联系，可利用经验频率曲线和理论频率曲线，依据桥涵的规定通过频率之间的转换来完成。而 Q 与 Q'_p 之间则通过位置转移，进行相互间的流量推算。

H 与 H'_p 都在同一水文断面上，而 H 与 H'_p 之间则通过位置转移，进行相互间的水位推算。

二、桥位处设计水位、设计流量的推算

Q 与 Q'_p 之间通过频率转换进行流量推算，详见本学习情境第二、第三子学习情境中的介绍。这里主要介绍已知 Q'_p 与 H'_p 的前提下，如何进行位置转移推算 Q_p 与 Q'_p 的方法。

1. 桥位设计流量的推算

若水文断面处与桥位处，两者的汇水面积差 $\left| \dfrac{F'_p - F_p}{F_p} \right| \times 100\% \leqslant 5\%$ 时，则水文断面处的流量 Q'_p 可直接作为桥位断面的设计流量，即 $Q_p = Q'_p$。

若水文断面处与桥位处两者的汇水面积相差 $<20\%$ 时，可按下式计算

$$Q_p = \left(\frac{F_p}{F'_p} \right)^n Q'_p \tag{3 - 13}$$

式中，F'_p、Q'_p 分别为水文断面处的汇水面积和规定频率流量；

F_p、Q_p 分别为桥位断面处的汇水面积和设计流量；

n 为指数，由本河或邻近类似河流的实测资料统计而得，一般取 $0.5 \sim 0.7$。

若水文断面处与桥位处两者的汇水面积相差 $>20\%$ 时，上式计算的结果误差较大，应结合实际情况，分析后慎用。

2. 桥位处设计水位的推算

在水文断面与桥位断面处两者的汇水面积相差不超过 5% 时，可利用水文断面处规定的频率流量 Q'_p 所对应的水位 H'_p，通过洪水比降法推算桥位断面的设计水位，即

$$H_p = H'_p \pm I \cdot L \tag{3 - 14}$$

式中，I 为洪水比降，以小数计，当水文断面在上游，桥位在下游时，用负号计算；反之，当桥位在上游时，水文断面在下游时，用正号计算；

L 为水文断面至桥位断面沿河流的水平距离。

根据桥位处的实测断面水文资料绘制水位流量关系曲线，利用已知设计流量反推设计水位。同时应结合上、下游的历史洪水位和河段洪水比降调查资料进行分析修正。

当桥位上、下游有对水位有影响的卡口、人工建筑物等时，可利用河段水面曲线法推算桥位处设计水位。

学习情境二 大中桥桥位勘测设计

学习目标：掌握桥位选择和桥位调查的内容
掌握桥孔长度和桥孔布设方法
能力目标：掌握桥面中心和引道路堤最低标高的确定以及调治构造建筑物的类型和选取
掌握大中桥桥位勘测设计的一般方法

桥位设计所依据的资料主要来自实地调查和勘测。在进行桥位设计之前，对桥位地区的政治经济情况、自然地理情况和其他各种条件所进行的各种调查与测量工作，称为桥位勘测。桥位勘测时要符合 JTJ 062—1991《公路桥位勘测设计规范》的要求。桥位勘测设计一般包括以下主要任务和内容。

一、桥位勘测设计的主要任务

（1）提供必要且可靠的桥位设计资料。

（2）推荐经济合理的桥位设计资料。

（3）预估建桥后可能引起的水文条件变化及河床演变。

（4）确定桥梁、引道、调治构造物的设计方案。

二、桥位勘测设计的主要内容

（1）勘测前的准备。主要收集水文、气象、通航、地质及有关规划设计等资料。

（2）勘测前的调查。主要调查桥位历史洪水位，用经验公式概估桥长，了解一般的地质特征及问题，了解天然建筑材料分布情况、管线情况及其对桥位的影响等，为详细勘测做准备。

（3）野外勘测和资料整理。

（4）水文计算，桥长、桥高、冲刷的计算及引道和调治构造物等工程设计。

（5）编制设计文件和工程概算。

子学习情境一 桥位选择和桥位调查

一、桥位选择

桥位选择是桥位勘测设计的第一项工作。桥位选择不仅对桥梁的稳定、工程造价、施工与养护等有直接的影响，而且要与桥头的线路工程、当地的农田水利、建设规划、航运和群众利益都有密切的关系。因此，桥位选择必须全面考虑各种因素的影响，通过深入地现场调查与勘测，选择几个可能的桥位方案，经全面分析研究和经济比较后，再确定推荐方案。

1. 桥位选择的一般要求

（1）桥路综合要求。既服从路线总方向又满足桥的特殊要求。

（2）农业要求。既支援农业建设又照顾当地群众的利益，少占农田，避免拆迁有价值的建筑物，避免桥前壅水威胁河堤和两岸村庄及农田。

（3）施工要求。即应考虑到施工场地的布设及材料运输和便桥架设。

（4）线形要求。桥轴线一般应为直线，否则宜采用较大的平曲线半径和较小的纵坡。

（5）各方面协调配合要求。即从政治、国防、经济需要出发，与水运、铁路相协调，与市政规划相配合。

2. 水文和地形方面的要求

（1）尽可能选在河道顺直、水流稳定、滩地较窄较高、河槽较深且能通过大部分设计流量的河段上。

（2）应避免选在河汊、岛屿、沙洲、旧河道、急弯、汇河口及容易形成流冰、流木阻塞的河段。更不能选在支流河口的下游，以免造成桥下大量淤积。

（3）桥轴线应尽量与洪水主流流向正交，宜设在河滩与河槽流向一致的河段上。否则在不通航的河流上，当河槽流量占70%以上时，则以河槽流向为准，介于两者之间时，则以平均流向为准。

（4）与河岸斜交的桥位，应避免在引道上游形成水袋与回流区，以免引道路基遭受水害；不可避免时，应设置截水坝将其封闭。

（5）应考虑到河床在桥梁使用期限内可能发生的变形。

3. 工程地质方面的要求

（1）应设于河岸和河床有岩石或土质坚实且覆盖层较浅之处，避免通过岩层有断裂、溶洞、侵蚀性盐类以及其他不宜建造桥梁墩台基础的地段。

（2）避免桥头引道通过滑坍和潮湿泥沼等不良地段。

4. 航运方面的要求

（1）桥位中心线应尽量与通航水位时的水流的流向正交，如斜交，则偏角不宜大于5°，否则应增大通航孔径。

（2）通航孔最高和最低通航水位流向应基本一致。

（3）桥位上下游河槽直线（或接近直线）段长度应符合航运部门的规定。通常，河槽直线段长度上游应保证有拖船队长度的三倍，下游则不应小于其长度的一半。

（4）桥位附近的河床应不受淤积影响，无浅滩。

（5）桥位宜选在码头上游一定距离处，以避免船只阻塞桥孔。

5. 其他方面的要求

（1）旧桥附近的桥位，一般宜选在旧桥的下游，两桥间距不小于一个桥长为宜。

（2）公路桥与铁路桥平行时，应选在公路路线总方向一侧，以免公路与铁路反复交叉。

（3）在实际工作中，选择桥位时，往往不可能使某一桥位同时满足各方面的要求。一般可在同一条河流上选择几个桥位，通过分析比较，从中选择一个较好的桥位作为采用方案。方案比较时，应从长远考虑，进行技术经济评价，既要考虑社会效益最好，又要考虑使工程费用、维修养护费用和用路者费用之和最小。

二、桥位调查

桥位调查主要包括桥位测量、水文调查、工程地质调查、涉河工程调查等方面的内容。

1. 桥位测量

根据桥位设计的内容和施工场地的布设等，确定桥位测量的范围、内容、精度和比例。除平面控制测量和高程控制测量外，桥位测量主要应该提供下列图纸。

1）桥位总平面图

图中内容包括一般地形图上的内容以及平面控制点、高程控制点、水准点、各方案路线导线、桥位轴线、引道接线、水文基线、洪水位点、历史最高洪水泛滥线、通航位置和船筏航迹线等。测绘范围包括桥位、桥头引道、调治构造物的位置，并要满足施工场地布置的需要。采用比例一般为 1:2 000 ~ 1:10 000。

2）桥址地形图

测绘内容与桥位总平面图相同。因此，当正桥桥位与水文基线相距不远，桥位总平面图与桥址地形图要求施测范围也相差不大时，可适当扩大测绘范围和内容而免测桥位总平面图。测绘范围应能满足桥梁孔径、桥头引道路基毁坏调治构造物设计的需要。采用比例一般为 1:500 ~ 1:2 000。

3）桥头引道和桥址纵断面图

测绘内容包括引道和桥轴线里程及地面标高。测绘范围要满足布置桥孔和河滩路基的使用，一般要高出设计水位以上 1 ~ 2 m 的岸边。采用比例一般为 1:100 ~ 1:1 000。

2. 水文调查

为提供桥位设计所需要的水文资料，一般应进行下列各项调查和勘测工作。

1）资料的搜集和分析

可向水利及铁路部门索取水位、流速、流量、水面比降、过水面积、河床糙率等各项资料，搜集地方志、历史文件等有关资料。

2）洪水调查

调查特大洪水水位及发生时间，分析重现期，选择形态断面、调查河床地貌及河床糙率和河床演变情况。

3）水文观测

详见项目二。

此外，还应在气象站搜集如下资料：风向、风速、气温、降水量和冰雪覆盖厚度等。对于通航河流，应向航运部门调查有关航运情况，如航道等级、船筏尺寸及对桥下净空的要求等。对桥位附近的现有桥梁和水工建筑物也进行必要的调查以供设计时参考。

3. 工程地质调查

为了查明桥位区地层岩性、地质构造，探明桥梁墩台和调治构造物处地基覆盖层与基岩的风化程度和构造破碎程度、软弱夹层的情况及地下水状态，测试物理岩土的物理力学性质，提供地基的基本承载力数据，确定桥梁墩台的式样及埋置深度等，必须进行工程地质的钻探和测试。桥梁钻探点的分布、个数及钻孔深度的确定，均应考虑工程地质条件的复杂程度和设计要求。

为就地取材，应勘查桥位附近地区石料、砂、石灰、黏土等及其他当地材料的产地，掌握料场的具体位置、范围、材料质量、储量、开采和运输条件等。

详细勘察后，应提出工程地质报告、各桥位区域的工程地质条件综合评价及推荐桥位方案等。

4. 涉河工程调查

桥位河段存在的其他涉河工程状况，也应调查清楚。

子学习情境二 桥孔长度和桥孔布设

桥梁根据其跨径大小不同可分为特大桥、大桥、中桥、小桥和涵洞。按照现行部颁 JTG B01—2003《公路工程技术标准》规定，其划分见表 3-3。

表 3-3 桥梁涵洞按跨径分类表

桥涵分类	多孔跨径总长 L/m	单孔跨径 L_k/m
特大桥	$L > 1\ 000$	$L_k > 1\ 000$
大桥	$100 \leqslant L \leqslant 1\ 000$	$40 \leqslant L_k \leqslant 150$
中桥	$30 < L < 100$	$20 \leqslant L_k < 40$
小桥	$8 \leqslant L \leqslant 30$	$5 \leqslant L_k < 20$
涵洞	—	$L_k < 5$

注：（1）单孔跨径指标准跨径。

（2）多孔跨径总长仅作为划分特大桥、大、中、小桥及涵洞的一个指标，梁式桥、板式桥涵为多孔标准跨径的长，拱式桥涵为两岸桥台内起拱线间的距离，其他形式桥梁为桥面车道长度。

（3）圆管涵及箱涵不论管径或跨径大小、孔数多少，均称为涵洞。

（4）标准跨径：梁式桥、板式桥以两桥墩中线间距离或桥墩中线与台背前缘间距为准；拱式桥和涵洞以净跨径为准。

一、桥孔长度计算

1. 桥孔最小净长的计算

设计水位以上两桥台之间的水面宽度称为桥孔长度，以 L_q 表示，扣除全部桥墩宽度后，称为桥孔净长 L_j。

桥孔长度的确定，首先应满足排洪和输沙的要求，即保证设计洪水以内的各级洪水及其挟带的泥沙能从桥下顺利通过，并满足通航和流冰、流木等通过。从安全和经济两方面考虑，同时应综合分析桥孔长度、桥前壅水和桥下冲刷的相互影响。根据 JTG C30—2002《公路工程水文勘测设计规范》，在峡谷型河段上建桥，一般不作桥孔长度计算，可按地形布置桥孔；在其他河段上建桥，按下列公式计算桥孔最小净长 L_j。

（1）开阔、顺直微弯、分汊、弯曲河段及滩槽可分的不稳定河段。

$$L_j = K_q \left(\frac{Q_p}{Q_c} \right)^n B_c \qquad (3-15)$$

式中，L_j 为桥孔最小净长度，m；

Q_p 为设计流量，m^3/s；

Q_c 为河槽流量，m^3/s；

B_c 为河槽宽度，m；

K_q、n 分别为系数和指数，从表 3-4 查找。

表 3-4 K_q、n 值表

河段类型	K_q	n
开阔、顺直微弯河段	0.84	0.90
分汊、弯曲河段	0.95	0.87
滩、槽可分的不稳定河段	0.69	1.59

（2）宽滩河段，有如下公式

$$L_j = \frac{Q_p}{\beta q_c}$$

$$\beta = 1.19\left(\frac{Q_c}{Q_t}\right)^{0.10} \qquad (3-16)$$

式中，β 为水流压缩系数；

q_c 为河槽平均单宽流量，$\mathrm{m^3/(s \cdot m)}$；

Q_t 为河滩流量，$\mathrm{m^3/s}$。

（3）滩、槽难分的不稳定河段，有如下公式

$$L_j = C_p B_0 \qquad (3-17)$$

$$B_0 = 16.07\left(\frac{\overline{Q}^{0.24}}{\overline{d}^{0.3}}\right) \qquad (3-18)$$

$$C_p = \left(\frac{Q_p}{Q_{2\%}}\right)^{0.33} \qquad (3-19)$$

式中，B_0 为基本河槽宽度，m；

$\overline{Q}$ 为年最大流量平均值，$\mathrm{m^3/s}$；

$\overline{d}$ 为河床泥沙平均粒径，m；

C_p 为洪水频率系数；

$Q_{2\%}$ 为频率为 2% 的洪水流量，$\mathrm{m^3/s}$。

2. 桥孔设计长度

桥孔设计长度，除应满足上述公式计算的最小净长外，还应结合桥位地形、桥前壅水、冲刷深度、河床地质等情况，作出不同桥长方案的技术经济比较，综合论证后确定。

二、桥孔布置的原则

从河流和水文的角度考虑，必须针对河段特点布设桥孔，但在公路勘测设计时，桥孔布设还要和路线方案及公路横、纵断面设计统一考虑。

桥孔布设应与天然河流断面流量分配相适应。在稳定性河段上，左右河滩桥孔长度之比应近似与左右河滩流量之比相当；在次稳定和不稳定河段上，桥孔布设必须考虑河床变形和流量分布变化趋势的影响。桥孔一般不压缩河槽，可适当压缩河滩。

（1）在内河通航的河段上，通航孔布设应充分考虑河床演变和不同水位所引起的航道变化，将通航孔布设在稳定的航道上，必要时可预留通航孔。

（2）河流中泓线上不宜布设桥墩，在断层、陷穴、溶洞、滑坡等不良地质地段也不宜布设桥墩。

（3）在有流冰、流木的河段上，桥孔应适当放大。

（4）山区河流的桥孔布设宜符合以下要求。

① 峡谷河段：一般宜单孔跨越峡谷急流。桥面高程应根据设计洪水位，结合两岸地形和路线等条件来确定。

② 开阔河段：可适当压缩河滩。河滩路堤宜与洪水主流流向正交，否则应增设调治工程。

（5）平原河流的桥孔布设应符合以下要求。

① 顺直微弯河段：桥孔和墩台布设应考虑河槽内边滩下移，主槽在河槽内摆动的影响。

② 弯曲河段：通过河床演变调查，预测河弯发展和深泓变化，考虑河槽凹岸水流集中冲刷发展和凸岸淤积等对桥孔及墩台的影响。

③ 分汊河段：在滩槽较稳定的分汊河段上，若多年流量分配基本稳定，可考虑布设一河多桥。

④ 宽滩河段：可根据桥位上下游主流趋势及深泓线摆动范围布设桥孔，允许对河滩有适当压缩，但应注意壅水对上游的影响。若河汊稳定又不宜导入桥孔时，可以考虑修建一河多桥。

⑤ 游荡河段：桥孔不宜过多压缩河床，应结合当地治理规划，辅以调治工程，在深泓线（即中泓线）可能摆动的范围内，不宜设置桥墩。

（6）山前区河流桥孔布设应符合以下要求。

① 冲积漫流河段：宜在河流上游狭窄段或下游收缩段跨越。桥下净空要考虑河床淤积影响。

② 变迁性河段：允许桥孔较大地压缩河滩，但要辅以适当的调治工程。

子学习情境三　桥面中心最低标高的确定

桥面中心和引道路堤最低设计高程，是从水力学、水文学角度提出的最低建筑高程界限。桥面设计高程和引道路堤设计高程应综合考虑桥面纵向坡度、排水和两岸路线接线高程等因素后分别确定。

一、桥面标高的计算

桥面标高的确定应满足泄流、通航、流冰、流木的要求，并考虑桥前壅水高度、波浪高度、水拱高度、河湾水位超高及河床淤积等因素的影响，按照《公路工程水文勘测设计规范》（JTG C30—2002）规定计算，其计算式有以下两类。

1. 非通航河段

非通航河段桥面标高由下式确定，即

$$H_{\min} = H_P + \sum \Delta h + \Delta h_j + \Delta h_0 \qquad (3-20)$$

式中，$H_{\min}$ 为桥面最低高程；

　　　$\sum \Delta h$ 为各种壅高值；

　　　Δh_j 为桥下净空；

　　　Δh_0 为桥梁上部构造，包括桥面铺装高度。

2. 通航河段

通航河段的桥面标高由下式确定，即

$$H_{\min} = H_{tn} + H_M + \Delta h_0 \qquad\qquad (3-21)$$

式中，H_{tn} 为设计最高通航水位；

　　　H_M 为通航净空高度。

二、引道路堤最低设计标高

（1）建桥后的水流现象，上游近桥位处出现最高壅水断面，然后水面呈漏斗状，沿水流方向从最大壅水值处向桥位断面降落，沿桥轴断面方向从泛滥边界向桥孔或呈水平线或呈斜直线逐渐降落，如图 3-5 所示。

降落方式与有无导流堤及其形式有关。引道路堤最低设计标高正是按不同的导流堤设置和上游水面降落情况建立公式计算确定的。

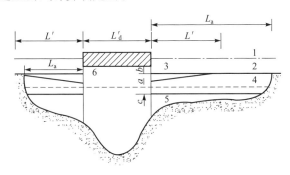

图 3-5　引道路堤

图中：

1. 路肩线；2. 上游设有非封闭式导流堤时的水位线；3. 上游无导流堤或有梨形堤时的水位线；4. 建桥前天然设计水位；5. 下游水位线；6. 桥梁

　　a 为桥前最大壅水高度 Δz；

　　b 为水面坡度高值，当 $L_a > L'$ 时，$b = SI_0$；

　　当 $L_a < L'$ 时，$b = \dfrac{SI_0 L_a}{L}$。

式中，I_0 为桥位河段天然水面比降；

　　　L_a 为桥头路堤起点（以桥台台尾起算，有时近似则以桥台前缘起算）至同一端岸边的距离；

　　　L'_d 为桥梁两端桥台台尾间距离；

　　　L' 为桥头路堤起点沿桥轴向至路堤上游侧形成最大壅水处的距离，即

$$L' = AS - 0.5\,L'_d$$

　　　S 为由桥轴线形成桥前最大壅水处的距离，即

$$S = K_S(1-M)B$$

　　　M 为天然状态下桥孔范围内通过的流量与设计流量之比为 $M = Q_{OM}/Q_P$；

　　　B 为设计洪水时的水面宽度，即

　　　K_S、A 为系数；

　　　C 为路堤下游水位降低高度 ΔH_X，有 $\Delta H_X = K_J h_{0d}$；

　　　$\overline{h_{0d}}$ 为计算端河滩引导路堤范围内当设计水位时的平均水深；

　　　K_J 为水位降低系数（查表）；

　　　L_X 为路堤计算点距桥尾部（路堤起点）的距离。

（2）引道路堤的最低设计标高计算公式。

① 上游无导流堤或有梨形导流堤。

引道路堤上任意点路肩最低设计标高按

$$L_X < L'（建筑界限为斜直线） \quad H_{min} = H_P + \Delta Z + L_x \frac{SI_0}{L'} + \Delta h_p + 0.50 \quad (3-22)$$

$$L_X \geqslant L'（建筑界限水平直线） \quad H_{min} = H_P + \Delta Z + SI_0 + \Delta h_p + 0.5 \quad (3-23)$$

② 上游有非封闭式导流堤

引道路堤上任意点路肩最低设计标高按

$$L_X \geqslant L'（建筑界限水平直线） \quad H_{min} = H_P + \Delta Z + SI_0 + \Delta h_p + 0.5 \quad (3-24)$$

$$L_X < L'（建筑界限为斜直线） \quad H_{min} = H_P + \Delta Z + L_a \frac{SI_0}{L'} + \Delta h_p + 0.5 \quad (3-25)$$

当上游有封闭式导流堤。封闭式导流堤不会被洪水破坏

$$H_{min} = H_P + \Delta H_X + h_e + 0.5 \quad (3-26)$$

式中，h_e 为自静水面算起的破浪侵袭高度；

ΔH_X 为路堤下游侧水位较天然水位的降低值。

封闭式导流堤可能被洪水破坏，引道路堤的最低设计标高按式（3-23）和式（3-24）计算。

三、各种壅高值的计算

1. 壅水

（1）桥前壅水 ΔZ 建桥后过水面积减小，水流受挤压形成壅水，其位置在有导流堤和无导流堤时不一样。

无导流堤时在桥中心上游（0.5~1.0）L；

有导流堤时在导流堤上游端部，即

ΔZ 一般用经验公式 $\qquad \Delta Z = \eta(\overline{v_m^2} - \overline{v_0^2})$

式中，η 为系数；

$\overline{v_m}$ 为桥下断面平均流速；

$\overline{v_0}$ 为天然断面平均流速，（桥前河流全断面的平均流速）m/s。

（2）桥下壅水 Δz。

① 一般情况 $\qquad \Delta Z' = \frac{1}{2}\Delta Z$

② 山区丰山区：$\Delta Z' = \Delta z$。

③ 平原河流：$\Delta Z' = 0$ 不计。

2. 波浪高度 h_l 和破浪侵袭高度

波峰与波谷的高差 h_l。

h_e 为侵袭高度；

h_c 为受风速、风向、浪程水床等因素的影响；波浪、水面受风力作用沿风向传播。

1）波浪高度（桥位处）

首先通过调查确定，调查有困难按《公路桥位勘测设计规范》推荐河海大学南京水利科学公式，即

$$h_{b1} = \cfrac{2.3 \times 0.13 th\left[0.7\left(\cfrac{\overline{gh_D}}{\overline{v}_w^2}\right)^{0.7}\right] th\left\{\cfrac{0.0018\left(\cfrac{gD}{v_w^2}\right)^{0.45}}{0.13 th\left[0.7\left(\cfrac{\overline{gh}}{v_w^2}\right)^{0.7}\right]}\right\}}{\cfrac{g}{v_w^2}} \qquad (3-27)$$

式中，h_{b1} 为波浪高度，1% 表示累积频率，即连续观测 100 个波浪高中最大的一个。

th 为双曲正切函数。

$\overline{h}_D$ 为波浪程（风向）的平均水深。

$\overline{v}_w$ 为风速，$\overline{v}_w = \cfrac{v_{w_0}^{-0.8}}{0.88}$ 在水面以上 10 m 高度处多年洪水期间测得的自记 2 min 平均最大风速的平均值。

v_{w0} 为风速，计算点设计水位以上 10 m 高度处，在洪水期间测得的自记 10 min 年平均最大风速的平均值。

风速资料由气象部门搜集，并按规范要求审查和推算，若由气象站测的风速，则按式：$v_{w10} = k_h v_{wz}$ 进行控算。

2）波浪侵袭高度

$$h_e = k_A k_v h_{b1} R_0 \qquad (3-28)$$

式中，h_e 为侵袭高度。

k_A 为边坡糙流系数，见表 3-5。

k_v 为风速系数，见表 3-6。

R_0 为相对波浪侵袭高度，见表 3-7。

表 3-5 边坡糙流系数

边坡护面类型	整片光滑透护面（沥青混凝土）	混凝土及浆砌片石护面与光滑土质护坡	干砌片石及植草皮	一、二层抛石加固	抛石组成的建筑物
K_A	1.0	0.9	0.75 ~ 0.08	0.6	0.50 ~ 0.55

表 3-6 风速系数

风速/ (m·s⁻¹)	5 ~ 10	10 ~ 20	20 ~ 30	>30
K_v	1.0	1.2	1.4	1.6

表 3-7 相对波浪侵袭高度

边坡系数	1.00	1.25	1.50	1.75	2.00	2.50	3.00
R_0	2.16	2.45	2.52	2.40	2.22	1.82	1.50

3. 其他

由河湾水面横比降引起水位超高 ΔH，即

$$\Delta H = BI = \beta \frac{v^2}{Qg} \qquad (按 \Delta H/2 \text{ 计入})$$

水流局部冲击高度：山区或山前区河流上，当河滩引道路堤轴线与水流流向不平行，或者水流急转弯时，在路堤边坡上形成斜水流局部冲击高度；同样在桥台和桥墩前形成局部股流壅高。显然这是由水流流速水头 $v_0^2/2g$ 被路堤、桥台、桥墩阻挡转换成压强水头高度所致，水流局部冲击高度与流速水头和迎水面边坡大小有关。水流局部冲击高度可按下式计算，即

$$\Delta h = \frac{v_g^2 \sin \beta}{g} \frac{1}{\sqrt{1 + m^2}} \qquad (3-29)$$

式中，Δh 为水流局部冲击高度（m）；

　　　v_g 为冲向路堤、墩台的水流或股流平均流速（at/s）；

　　　β 为水流流向与路堤、墩、台轴线间所成的平面夹角；

　　　m 为迎水面边坡系数。

式（3-29）中的 v_g，在桥墩、台和靠近桥台附近引道路堤计算时，可取桥下流速 v_m，在河滩引道路堤计算时，可取设计水位下天然河道河滩范围内的平均流速 v_1 的 0.7 倍。

水拱和河床的淤高：河流涨水时，流速逐渐增加，同一断面的主槽流速比两侧河滩大，主槽水位比河滩水位涨速快，从而形成水流中间高、两边低的水拱现象。

在水拱严重的河段上建桥，确定桥面中心最低标高时应考虑水拱影响，水拱高度目前尚无合适的计算方法，在桥位设计时可通过现场调查确定。

在河床逐年淤积抬高的河流上，桥下净高应考虑河床淤高而适当加大，河床淤高值的计算可通过水文站多年实测断面资料推算。

计算水位（设计水位），即

$$H_J = H_S + \sum \Delta h \qquad (3-30)$$

式中，H_S 为设计水位；

　　　$\sum \Delta h$ 为桥位处可能出现的各种水面升高值之和。

复习思考题

1. 大中桥桥位勘测设计的主要内容和任务包括哪些？
2. 桥位调查的主要内容有哪些？
3. 何为桥孔长度、桥长和桥孔净长？
4. 简述桥孔应该怎么布设？

学习情境三　桥梁墩台冲刷

> **学习目标：**掌握冲刷计算的目的
>
> 　　　　　掌握三种桥梁的冲刷类型
>
> **能力目标：**掌握桥下一般冲刷及墩台局部冲刷产生的原因
>
> 　　　　　能够计算桥下冲刷深度
>
> 　　　　　提出墩台防止冲刷的初步方案

本学习情境主要介绍桥台冲刷类型和桥下一般冲刷、桥墩局部冲刷的计算，以及墩台基底最小埋置深度的确定方法，使学生掌握桥梁墩台冲刷的一般原理及影响因素，学会确定合理墩台基底最小埋置深度的方法。

子学习情境一　概　　述

桥下河床冲刷计算是确定墩台基础最小埋置深度的重要依据。设计桥梁时，为了保证设计洪水能顺畅通过桥下和桥梁，不仅要有足够的桥孔长度和桥梁高度，还必须使墩台基础有足够的埋置深度。因此，在桥位设计中，必须十分重视桥台的冲刷。计算桥下冲刷线时，应考虑桥孔压缩后的桥下一般冲刷、墩台阻水引起的局部冲刷、河床自然演变冲刷和调治构造物和桥位等其他因素引起的冲刷。

在桥位上下游，由于水情和输沙的变化，河床可发生纵向和横向的冲刷变形。桥梁墩台冲刷一般包括三个部分：河床自然演变冲刷、桥下河床全断面内发生的一般冲刷和桥墩周围水流结构发生急剧变化而引起的河床局部冲刷。事实上，桥梁墩台冲刷是一个综合复杂的冲刷过程。为此，分解为上述独立的三个部分，分别进行计算，然后叠加，并取其不利组合作为墩台的最大冲刷深度，据以确定墩台基础最小埋置深度。

河床自然演变冲刷有四种类型：一是河流发育成长过程中河床纵断面的变形，如河源段的逐年下切、河口段的逐年淤积；二是属于河槽横向移动所引起的变形，如边滩、沙洲的下移、河湾发展移动和裁弯取直等；三是属于河段深泓线摆动引起的冲刷变形；四是在一个水文周期内，河槽随水位、流量变化而发生的周期性变形。由于河床自然演变与每条河流的属性密切相关，上述四类河槽变形原因复杂，目前尚无可靠的计算办法，因此在实际工作中，一般多通过对桥位河段的实际调查研究或观测，推算桥梁使用年限内河床可能上升或下降的幅度，合理加深桥台基础埋置深度或提高桥下净空。

子学习情境二　桥下一般冲刷

河上建桥后，桥下过水断面受压缩减少，桥下流速增大，水流挟沙能力迅速增强，桥下河床全断面内发生的普遍冲刷称为一般冲刷。随着一般冲刷的发展，桥下过水断面逐渐加大，流速又将逐渐下降，当达到新的输沙平衡状态，或者桥下流速降低到河床值的允许不冲刷流速时，冲刷即行停止，一般冲刷深度至此达到最大。桥下河床在一般冲刷完成后，从设计水位算起的某一垂线水深，称为该垂线处的一般冲刷深度。

一、非黏性土河床一般冲刷

关于桥下断面一般冲刷深度的计算，目前尚无成熟理论，主要按经验公式计算，常用的经验公式有 64 – 1 公式和 64 – 2 公式。该式为 1964 年全国桥渡冲刷计算学术会议推荐试用。1991 年，JTJ 062—1991《公路桥位勘测设计规范》正式将其作为推荐公式。

1. 非黏性土河槽

（1）64 – 2 简化式如下

$$h_p = 1.04\left(A\frac{Q_2}{Q_c}\right)^{0.90}\left[\frac{B_c}{(1-\lambda)\mu B_2}\right]^{0.66} h_{mc} \tag{3-31}$$

式中，Q_2 为河槽部分通过的设计流量，单位为 $\mathrm{m^3/s}$，当桥下河槽能扩宽至全桥时，$Q_2 = Q_P$；

Q_C 为天然状态下河槽流量，有

$$Q_2 = \frac{Q_c}{Q_c + Q''_t}Q_p$$

Q''_t 为天然状态下桥下河滩部分通过的流量；

Q_p 为设计流量；

B_2 为建桥后桥下断面河槽宽度，单位为 m，一般情况下 $B_2 = L$，只有当桥孔压缩部分为河滩，而桥下河槽又不扩宽时，$B_2 = B_c$；

B_c 为河槽宽度；

λ 为设计水位下，桥墩阻水总面积与桥下过水面积的比值；

μ 为桥墩水流侧向压缩系数，见表 3 – 8；

h_{mc} 为桥下河槽最大水深，单位为 m；

A 为单宽流量集中系数，$A = \left(\frac{\sqrt{B}}{H}\right)^{0.15}$；

B、H 分别为平滩水位时河槽宽度和河槽平均水深，变迁、游荡、宽滩河段当 $A > 1.8$ 时，A 值可采用 1.8；其余符号意义同前。

表 3 – 8 桥墩水流侧向压缩系数 μ 值表

设计流速 v_p / $(\mathrm{m \cdot s^{-1}})$	标准净跨径/m								
	≤10	13	16	20	25	30	35	40	45
<	1.00	1.00	1.00	1.00	1.00	1.00	1.00	1.00	1.00
1.0	0.96	0.97	0.98	0.99	0.99	0.99	0.99	0.99	0.99
1.5	0.96	0.96	0.97	0.97	0.98	0.98	0.98	0.99	0.99
2.0	0.93	0.94	0.95	0.97	0.97	0.98	0.98	0.98	0.98
2.5	0.90	0.93	0.94	0.96	0.96	0.97	0.97	0.98	0.98
3.0	0.89	0.91	0.93	0.95	0.96	0.96	0.97	0.97	0.98
3.5	0.87	0.90	0.92	0.94	0.95	0.96	0.96	0.97	0.97
≥4.0	0.85	0.88	0.91	0.93	0.94	0.95	0.96	0.96	0.97

注：（1）桥墩水流侧向压缩系数 μ 是指桥墩台侧面因旋涡形成滞流区而减小过水面积的折减系数。

（2）$\mu = 1 - 0.375\frac{v_p}{L_0}$，其中 L_0 为单孔净跨径。对不等跨的桥孔可采用各孔 μ 值的平均值，对于净跨径大于 50 m 的桥梁，有 $\mu \approx 1.0$。

（2）64-1 修正式如下

$$h_p = \left[\frac{A \dfrac{Q_2}{\mu B'_c} \left(\dfrac{h_{mc}}{\overline{h}_c} \right)^{\frac{5}{3}}}{E \overline{d}_c^{\frac{1}{6}}} \right]^{\frac{3}{5}} \qquad (3-32)$$

式中，B'_c 为桥下河槽部分桥孔过水净宽，单位为 m，当桥下河槽扩宽至全桥时即为全桥桥孔过水净宽，即 $B'_c = L_j$；

$\overline{h}_c$ 为桥下冲刷前河槽平均水深，单位为 m；

$\overline{d}_c$ 为河槽泥沙平均粒径，单位为 mm；

E 为与汛期含沙量有关的系数，在表 3-9 选用。

表 3-9　E 值表

含沙量 $\rho /$（$kg \cdot m^{-3}$）	< 10	1 ~ 10	> 10
E	0.46	0.66	0.86

注：含沙量 ρ 采用历年汛期月最大含沙量的平均值。

2. 非黏性土河滩

$$h_p = \left[\frac{\dfrac{Q'_t}{\mu B'_t} \left(\dfrac{h_{mt}}{\overline{h}'_t} \right)^{\frac{5}{3}}}{v_{H1}} \right]^{\frac{5}{6}}$$

$$Q'_t = \frac{Q''_t}{Q_c + Q''_t} Q_P \qquad (3-33)$$

式中，Q'_t 为桥下河滩部分通过的设计流量，单位为 m^3/s；

h_{mt} 为桥下河滩最大水深，单位为 m；

$\overline{h}'_t$ 为桥下河滩平均水深，单位为 m；

v_{H1} 为河滩水深 1 m 时非黏性土不冲刷流速，单位为 m/s，按表 3-10 选用；

$\overline{B}'_t$ 为河滩部分桥孔净长，单位为 m。

其余符号意义同前。

表 3-10　水深 1 m 时非黏性土不冲刷流速 V_{H1} 表

河床泥沙		D/mm	$v_{H1}/$（$m \cdot s^{-1}$）	河床泥沙		D/mm	$v_{H1}/$（$m \cdot s^{-1}$）
砂	细	0.05 ~ 0.25	0.35 ~ 0.32	卵石	小	20 ~ 40	1.50 ~ 2.00
	中	0.25 ~ 0.50	0.32 ~ 0.40		中	40 ~ 60	2.00 ~ 2.30
	粗	0.50 ~ 2.00	0.40 ~ 0.60		大	60 ~ 200	2.30 ~ 3.60
圆砾	小	2.00 ~ 5.00	0.60 ~ 0.90	漂石	小	200 ~ 400	3.60 ~ 4.70
	中	5.00 ~ 10.00	0.90 ~ 1.20		中	400 ~ 800	4.70 ~ 6.00
	大	10 ~ 20	1.20 ~ 1.50		大	> 800	> 6.00

二、黏性土河床的一般冲刷

1. 河槽部分

其公式如下：

$$h_p = \left[\frac{A \dfrac{Q'_t}{\mu B'_t} \left(\dfrac{h_{mc}}{\overline{h'_t}} \right)^{\frac{5}{3}}}{0.33 \left(\dfrac{1}{I_L} \right)} \right]^{\frac{5}{8}} \tag{3-34}$$

式中，A 为单宽流量集中系数，$A = 1.0 \sim 1.2$；

I_L 为冲刷坑范围内黏性土液性指数，$I_L = 0.16 \sim 0.19$。

其他符号意义同前。

2. 河滩部分

其公式如下：

$$h_p = \left[\frac{\dfrac{Q'_t}{\mu B'_t} \left(\dfrac{h_{mc}}{\overline{h'_t}} \right)^{\frac{5}{3}}}{0.33 \left(\dfrac{1}{I_L} \right)} \right]^{\frac{6}{7}} \tag{3-35}$$

三、桥台冲刷

桥台是位于桥梁两端与路基相连接，支承上部结构和承受台背土压力的构造物，在没有导流堤时，桥台突出于洪水中，河滩流量较大时，冲刷十分严重。桥台最大冲刷深度可参照《公路桥涵设计手册》中的有关公式计算，结合桥位河床特征、压缩程度等情况，分析比较后确定。桥台计算前我国尚无成熟的研究成果可供使用，以下仅介绍苏联的公式。

$$h'_p = p \left[(h_{mc} - h) \frac{h}{h_{mc}} + h \right] \tag{3-36}$$

式中，h'_p 为桥台冲刷后水深，单位为 m；

p 为冲刷系数，$p = \dfrac{A}{A_j}$ 即桥下需要的过水面积与净过水面积之比；

h 为桥台冲刷前水深，单位为 m，通常左右桥台各以前缘计；

h_{mc} 为桥下河槽最大水深，单位为 m。

子学习情境三　桥墩局部冲刷

流向桥墩的水流受到桥墩阻挡，桥墩周围的水流结构发生急剧弯曲，在墩侧的床面附近形成斜轴旋涡；一部分水流冲向桥墩前端，上部水流使墩端水面壅高，下部水流遇墩后紧贴墩端向下流动直冲河底，形成指向河底的涡流，挟带可冲泥沙反旋而上，在墩前形成冲刷坑；墩侧由底部旋涡搅起的河底泥沙可被其上部水流挟带向下游，在墩旁形成冲刷坑，如图 3-6 所示。

随着冲刷坑不断加深和扩大，坑底水流流速减小，挟沙能力也随之降低，冲刷作用逐渐

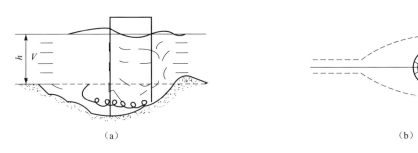

图 3-6 桥墩局部冲刷示意图

(a) 立面；(b) 平面

减缓，上游进入冲刷坑的泥沙与被水流冲走的泥沙趋于平衡。与此同时，冲刷坑内出现泥沙粗化，增大了坑底的糙度和抗冲能力，直到水流对床沙的冲刷和床沙的抗冲作用达到平衡时，冲刷随之停止，此时局部冲刷坑达到最深。冲刷坑外缘与桥墩前端坑底的最大高差称为最大局部冲刷深度，常以 h_b 表示。

根据模型试验和观测资料可知，桥墩局部冲刷深度与涌向桥墩的流速 v 有关。当 v 达到一定数值时，桥墩迎水面两侧的泥沙开始被冲走而产生冲刷，此时涌向桥墩的垂线平均流速称墩旁床沙的起冲流速 v'_0。当 $v < v_0$（v_0 表示河床泥沙的启动流速），并继续增大时，冲刷坑逐渐加深和扩大，局部冲刷深度 h_b 与 v 近似呈直线关系增大；当 v 增大到 v_0 时，床面泥沙大量启动，上游来的泥沙有些将滞留在冲刷坑内，因此当 $v > v_0$ 并继续增大时，冲刷坑深度的增长因有泥沙补给而减缓。局部冲刷深度 h_b 与 v 呈曲线关系，如图 3-7 所示。

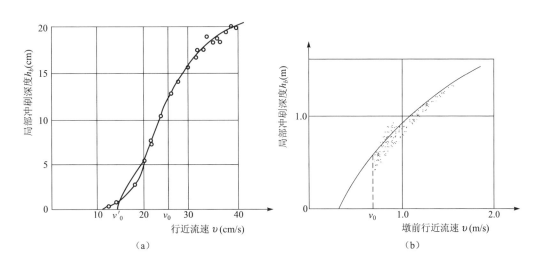

图 3-7 桥墩局部冲刷深度与行进流速关系曲线

(a) 模型试验；(b) 某大桥 6 号墩实测

影响桥墩局部冲刷深度的因素很多，除涌向桥墩的流速 v 外，还有桥墩宽度、墩形、水深、床沙粒径等。这些因素与冲刷深度之间关系十分复杂。目前我国研究制定了计算局部冲刷的 65 - 1 公式和 65 - 2 公式。工程实践证明，这两个公式比较符合我国河流的实际情况，公式结构较为合理，计算数值较为可靠，得到了广泛应用。

一、非黏性土河床桥墩局部冲刷公式

1. 65 - 2 公式

当 $v \leqslant v_0$ 时，有

$$h_b = K_\xi K_{\eta 2} B_1^{0.6} h_P^{0.5} \left(\frac{v - v'_0}{v_0} \right) \qquad (3-37)$$

当 $v > v_0$ 时，有

$$h_b = K_\xi K_{\eta 2} B_1^{0.6} h_P^{0.5} \left(\frac{v - v'_0}{v_0} \right)^{n2} \qquad (3-38)$$

式中，h_b 为桥墩局部冲刷深度，单位为 m；

$\quad K_\xi$ 为墩形系数，按表 3 - 11 取用；

$\quad B_1$ 为桥墩计算宽度，单位为 m；

$\quad K_{\eta 2}$ 为河床颗粒影响系数；

$\quad h_p$ 为一般冲刷后的最大水深，单位为 m；

$\quad v$ 为一般冲刷后的墩前行进流速，单位为 m/s；

$\quad v_0$ 为河床泥沙启动速，单位为 m/s；

$\quad v'_0$ 为墩前泥沙起冲流速，单位为 m/s；

$\quad n$ 为指数。

其他符号意义同前。

2. 65 - 1 修正式

当 $v \leqslant v_0$ 时，有

$$h_b = K_\xi K_\eta B_1^{0.6} (v - v'_0)$$

当 $v > v_0$ 时，有

$$h_b = K_\xi K_\eta B_1^{0.6} (v_0 - v'_0) \left(\frac{v - v'_0}{v_0 - v''_0} \right)^{n_1}$$

$$h_b = K_\xi K_\eta B_1^{0.6} (v_0 - v'_0) \left(\frac{v - v'_0}{v_0 - v''_0} \right)^{n_1}$$

$$v_0 = 0.0246 \left(\frac{h_p}{\bar{d}} \right)^{0.14} \sqrt{332\bar{d} + \frac{10 + h_p}{\bar{d}^{0.72}}}$$

$$K_\eta = 0.8 \left(\frac{1}{\bar{d}^{0.45}} + \frac{1}{\bar{d}^{0.15}} \right) \qquad (3-39)$$

式中，v_0 为河床泥沙起动流速，单位为 m/s；

$\quad K_\eta$ 为河床颗粒的影响系数；

$\quad \bar{d}$ 为河床泥沙平均粒径，单位为 mm；

其他符号意义同前。

表 3-11 墩形系数表

序号	墩形示意图	墩形系数 K_ξ	桥墩计算宽度 B_1
3			$B_1 = (L-b)\sin\alpha + b$
4		与水流正交时各种迎水角系数 $\begin{array}{c\|c\|c\|c\|c\|c} \theta/(°) & 45 & 60 & 75 & 90 & 120 \\ \hline K_\xi & 0.70 & 0.84 & 0.90 & 0.95 & 1.10 \end{array}$ 迎水角 $\theta = 90°$ 与水流斜交时的系数 K_ξ 	$B_1 = (L-b)\sin\alpha + b$ （为了简化可按圆端墩计算）
5			与水流正交时，有 $B_1 = \dfrac{b_1 h_1 + b_2 h_2}{h}$ 与水流斜交时，有 $B_1 = \dfrac{B'_1 h_1 + B'_2 h_2}{h}$ $B'_1 = L_1 \sin\alpha + b_1 \cos\alpha$ $B'_2 = L_2 \sin\alpha + b_2 \cos\alpha$
6		$K_\xi = K_{\xi1} \cdot K_{\xi2}$ 注：沉井与墩身的 $K_{\xi2}$ 相差较大时，根据 h_1 和 h_2 的大小，在两线间按比例定点取值	与水流正交时，有 $B_1 = \dfrac{b_1 h_1 + b_2 h_2}{h}$ 与水流斜交时，有 $B_1 = \dfrac{B'_1 h_1 + B'_2 h_2}{h}$ $B'_1 = (L_1 - b_1) \times \sin\alpha + b_1$ $B'_2 = L_2 \sin\alpha + b_2 \cos\alpha$

序号	墩形示意图	墩形系数 K_ξ	桥墩计算宽度 B_1
7		与水流正交时的 $K_\xi = K_{\xi 1}$ 注：其他角度可补插取值 迎水角 $\theta = 90°$ 与水流斜交时的 $K_\xi = K_{\xi 1} K_{\xi 2}$ 注：沉井与墩身的 $K_{\xi 2}$ 相差较大时，根据 h_1 和 h_2 的大小，在两线间按比例定点取值	与水流正交时，有 $B_1 = \dfrac{b_1 h_1 + b_2 h_2}{h}$ 与水流斜交时，有 $B_1 = \dfrac{B'_1 h_1 + B'_2 h_2}{h}$ $B'_1 = (L_1 - b_1) \times \sin\alpha + b_1$ $B'_2 = L_2 \sin\alpha + b_2 \cos\alpha$
8		扩大基础采用与水流正交时的墩身形状系数	与水流正交时，有 $B_1 = b$ 与水流斜交时，有 $B_1 = (L - b) \sin\alpha + b$
9		$K_\xi = K'_\xi K_{m\phi}$ K'_ξ 为单桩形状系数，按序号 1、2、3、5 墩形确定（如多为圆桩 $K'_\xi = 1.0$ 可省略）； $K_{m\phi}$ 为桩群系数 $K_{m\phi} = 1 + 5 \left[\dfrac{(m-1)\phi}{B_m} \right]^2$ ； B_m 为桩群垂直水流方向的分析宽度； m 为桩的排数（垂直水流方向）	$B_1 = \phi$

续表

序号	墩形示意图	墩形系数 K_ξ	桥墩计算宽度 B_1
10		桩承台桥墩局部冲刷计算方法： 当承台底面低于一般冲刷线时，按上部实体计算。承台底面高于水面应为上述排架墩，承台底面相对高度在 $0 \leqslant h_\phi/h \leqslant 1.0$ 时，冲刷深度 h_b 按下式计算： $$h_b = \left(K'_\xi K_{m\phi} K_{h\phi} \phi^{0.6} + 0.85 K_{\xi 1} K_{h2} B_1^{0.6} \right) K \left(v_0 - v'_0 \right) \left(\frac{v - v'_0}{v_0 - v'_0} \right)^n$$ 式中，$K_{h\phi}$ 为淹没桩体折减系数，$K_{h\phi} = 1.0 - \dfrac{0.001}{(h_\phi/h + 0.1)^2}$； $K_{\xi 1}$、B_1 分别按承台底处于一般冲刷线计算； $K_{\xi 2}$ 为墩身承台减少系数； v、v_0、v'_0、n 的符号意义见 JTJ 062—1991《公路桥位勘测设计规范》第 8.5.3 条。

表 3-12　墩形指数表

序　　号	墩台类型和斜交度	n
1	半流线型墩台和高桩承台，当斜交不超过 5°～10°时	1/4
2	非流线型的墩台和基础	1/3
3	非流线型的墩台和基础，其斜交在 20°以内	1/2
4	在摆动河流河槽范围内的墩台，斜交在 45°以内	2/3

二、黏性土河床桥墩的局部冲刷公式

当 $\dfrac{h_p}{B_1} \geqslant 2.5$ 时，有

$$h_b = 0.83 K_\xi B_1^{0.6} I_L^{1.25} v \tag{3-40}$$

当 $\dfrac{h_p}{B_1} < 2.5$ 时，有

$$h_b = 0.55 K_\xi h_p^{0.1} B_1^{0.6} I_L^{1.0} v \tag{3-41}$$

式中，I_L 为冲刷坑范围内黏性土液性指数。

其他符号意义同前。

子学习情境四　墩台基底最小埋置深度

从冲刷的角度来看，基础底面应置于最低冲刷线以下，以免因冲刷淘空基底，从而发生墩台倾覆的危险。桥下河槽中桥梁墩台处的最低冲刷线应为桥下全部冲刷完成后的冲刷坑底线，如3－8所示。全部冲刷完成后的最大水深，称为总冲刷深度 A，用式（3－42）表示，即

$$h_s = h_p + h_b + \Delta h \tag{3-42}$$

式中，h_s 为总冲刷深度，单位为 m；

Δh 为自然冲刷和其他冲刷深度，单位为 m；

其他符号意义同前。

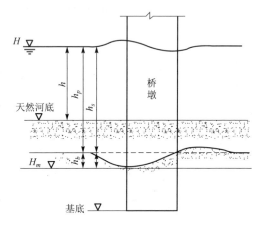

图3－8　墩台处河槽最低冲刷线

在制定计算一般冲刷的 64－1 和 64－2 公式中已包含了部分自然冲刷，用它确定最低冲刷线时，总冲刷深度中的 Δh，还应加河流发育成长性变形深度和其他冲刷深度。

桥梁墩台处河槽的最低冲刷线标高 H_m 为设计水位 H_s 减去总冲刷深度 h_s。H_s 应取河床自然演变冲刷、一般冲刷和局部冲刷的不利组合。最低冲刷线 H_m 确定后，可根据桥位河段的具体情况和 JTG 063—2007《公路桥涵地基与基础设计规范》的要求，选定基础底面最小埋置深度，即可确定墩台的基底标高。其计算公式为

$$H_m = H_s - h_s \tag{3-43}$$

$$H_{min} = H_m - \Delta \tag{3-44}$$

式中，H_{min} 为墩台基底最小标高；

H_m 为墩台处河槽最低冲刷线标高；

Δ 为基础底面最小埋置深度安全值，按表3－13取用。

表3－13　基底埋深安全值

桥梁类别	总冲刷深度（m）				
	0	5	10	15	20
一般桥梁	1.5	2.0	2.5	3.0	3.5
特殊桥梁	2.0	2.5	3.0	3.5	4.0

注：（1）总冲刷深度为自河床面算起的河床自然演变茶褐色、一般冲刷与局部冲刷深度之和。

（2）表列数字为墩台基底埋入总冲刷深度以下的最小限值，若计算流量、水位和原始断面资料无十分把握或河床演变尚不能获得准确资料时，安全值可适当加大。

（3）若桥址上、下游已有已建桥梁或属旧桥改造，应调查旧桥的特大洪水冲刷情况，新桥墩台基础埋置深度应在旧桥最大冲刷深度上酌加必要的安全值。

确定墩台基础底面标高时，应考虑采用以下几种相应的最低冲刷线标高来确定：

对于稳定性河段，位于河槽部分和河滩部分的墩台，可分别计算冲刷深度，采用各自的最低冲刷线标高。

对于有边滩下移、中泓线摆动的不稳定河段，在其摆动的范围内，应采用相同的最低冲刷采用线标高。

对于稳定的河滩部分，滩地的墩台可采用相同的最低冲刷线标高。

对于河滩不够稳定的河段，若河滩可能被冲成河槽，则河槽和河滩部分的所有墩台均可采用相同的最低冲刷线标高。

复习思考题

1. 有流量观测资料的大中桥应该怎样确定其设计流量？
2. 如何设计高速公路（或一级路）上的大桥或特大桥？

全国分区 C_v 值表

分区编号	分区名称	流域面积/km²							
		100	250	500	1 000	5 000	10 000	25 000	5 0000
1	三江平原区	采用等值线							
2	大、小兴安岭区	采用等值线							
3	嫩江流域区	采用等值线							
4	海拉尔河上游区	采用等值线							
5	图、牡、绥区	1.55	1.40	1.30	1.20	1.01	0.94	0.85	0.80
6	二江、拉区	1.31	1.22	1.17	1.11	0.99	0.94	0.88	0.83
7	鸭绿江区	1.08	1.05	1.02	1.00	0.95	0.92	0.90	0.87
8	东辽河区	1.25	1.22	1.20	1.19	1.14			
9	松嫩平原区	缺观测资料							
10	洮蛟山丘陵区	1.73	1.61	1.52	1.43	1.26	1.19	1.10	1.04
11	霍内上游区	缺观测资料							
12	西辽河下游区	缺观测资料							
13	辽东北部山区	采用等值线							
14	辽东及沿海山丘区	采用等值线							
15	辽河平原区	采用等值线							
16	辽西丘陵区	采用等值线							
17	辽西山丘区	采用等值线							
18	辽西风沙区	采用等值线							
18′	辽河丘陵区		1.06	1.00	0.94	0.82			
19	深山区	采用等值线							
20	沿海丘陵区	采用等值线							
21	浅山区	采用等值线							
22	北部高原区	采用等值线							

分区编号	分区名称	流域面积/km²							
		100	250	500	1 000	5 000	10 000	25 000	5 0000
23	太行山北部区	采用等值线							
24	坝下山区	采用等值线							
25	太行山南部区	采用等值线							
26	东北部草原丘陵区	1.30	1.26	1-24	1.20	1.12	1.10		
27	内陆河草原丘陵区	1.42	1.37	1.32	1.28	1.20	1.16		
28	大青山、蛮汗山、土石山丘陵（北）	1.60	1.52	1.47	1.44	1.37	1.32		
29	大青山、蛮汗山、土石山丘陵（南）	1.40	1.25	1.15	1.07	0.88	0.80		
30	黄河流域黄土丘陵沙丘区	1.40	1.30	1.20	1.13	0.95	0.90		
31	晋北（Ⅰ）（雁北地区）	1.40	1.40	1.40	1.35	1.14	1.04	0.92	
32	晋中（Ⅱ）区	1.40	1.28	1.22	1.16	1.00	0.94	0.88	
33	晋东南（Ⅲ）区	1.22	1.18	1.16	1.12	1.06	1.03	1.00	
34	晋东南（特）（Ⅲ）区（浊漳河水系）	1.05	1.05	1.05	1.05	1.05	1.05	1.05	
35	晋东南（Ⅲ）区	1.22	1.18	1.16	1.12	1.06	1.03	1.00	
36	晋西南（Ⅳ）区	1.32	1.22	1.17	1.12	1.00	0.96	0.90	
37	鲁山区	$C_v = 0.901\,8/F^{0.006\,2}$							
38	苏鲁丘陵区	采用等值线							
39	苏西地区								
40	淮河平原区	采用等值线							
41	黄河流域区	采用等值线							
42	淮河山丘区	采用等值线							
43	长江流域区	采用等值线							
44	南、堵、峦、沮漳、黄柏河区	$F \leqslant 300$ $C_v = 1.02$	$F > 300$ $C_v = 3.84 F^{-0.64}$						

续表

分区编号	分区名称	流域面积/km²							
		100	250	500	1 000	5 000	10 000	25 000	5 0000
45	汉北区	$C_v=1.7$ $F^{-0.115}$							
46	倒、举、巴、倒、蕲、浠水	$F\leqslant560$ $C_v=1.12$		$F>560$ $C_v=5.68$ $F^{-0.20}$					
47	皖、浙、赣山丘区	$C_v=2.9$ $F^{-0.2}$							
48	瓯江、椒江、奉化江、曹娥江水系区	$C_v=2.15$ $F^{0.08}$							
49	闽浙沿海台风雨区	0.76	0.71	0.67	0.63	0.54			
50	福建沿海台风雨区	0.60	0.57	0.55	0.53	0.48	0.46	0.44	
51	福建内陆峰面雨区	0.60	0.54	0.51	0.48	0.40	0.37	0.34	(0.32)
52	赣江区	0.80	0.71	0.65	0.58	0.47	0.43	0.38	0.34
53	金、富、陆、修水区	$C_v=0.94F^{-0.06}$							
54	湖区								
55	清江山峡区	$C_v=2.4F^{-0.2}$							
56	澧水流域区		0.70	0.50	0.43	0.38	0.34	0.34	
57	沅水中下游区		0.70	0.64	0.60	0.56	0.54	0.51	0.35
58	沅水上游区		0.70	0.64	0.60	0.56	0.54	0.51	0.35
59	资水流域区				0.60	0.40	0.40	0.40	
60	湘江流域区		0.59	0.55	0.53	0.45	0.45	0.43	0.36
61	内陆区	0.72	0.64	0.58	0.53	0.44	0.40		
62	沿海区	0.72	0.64	0.58	0.53	0.44	0.40		
63	郁江、贺江区	0.80	0.71	0.64	0.58	0.46	0.42		
64	柳江、桂江区	0.80	0.71	0.64	0.58	0.46	0.42		
65	红水河区	0.80	0.71	0.64	0.58	0.46	0.42		
66	左右江区	0.85	0.78	0.71	0.66	0.52	0.47		
67	沿海区	0.85	0.78	0.71	0.66	0.52	0.47		
68	海南岛区（西北区） 海南岛区（东区）	0.72 0.88	0.64 0.85	0.58 0.83	0.53 0.80	0.44 0.76	0.40 0.74		

分区编号	分区名称	流域面积/km²							
		100	250	500	1 000	5 000	10 000	25 000	5 0000
69	台湾省								
70	阿尔泰区				采用等值线				
71	伊力区				采用等值线				
72	天山北坡区				采用等值线				
73	天山南坡区				采用等值线				
74	昆仑山北坡区				采用等值线				
75	阿左旗荒漠区								
76	贺兰山、六盘山区	1.20	1.10	1.04	0.98	0.84	0.78		
77	吴忠盐池区	1.20	1.10	1.04	0.98	0.84	0.78		
78	河西走廊北部荒漠区								
79	河西走廊西区				采用等值线				
80	河西走廊东区				采用等值线				
81	祁连山区				采用等值线				
82	中部干旱区				采用等值线				
83	黄河上游区				采用等值线				
84	陇东泾、渭、汉区				采用等值线				
85	陇南白龙江区				采用等值线				
86 – I	黄河上游区				$C_v = 3.51F^{-0.21}$				
86 – II	湟水、大通河区				$C_v = 3.10F^{-0.21}$				
86 – III	青海湖区				$C_v = 1.68F^{-0.14}$				
86 – IV	柴达木区								
86 – V	玉树区				$C_v = 0.01F$				
86 – VI	祁连山区								
87	陕北窟野河区	1.55	1.45	1.30	1.23	1.06	1.00	0.92	0.86
88	陕北大理河、延河区	1.55	1.45	1.30	1.23	0.06	1.00	0.92	0.86
89	渭河北岸泾、铬、渭区	1.52	1.42	1.31	1.24	1.09	1.03	0.97	0.92

分区编号	分区名称	流域面积/km²							
		100	250	500	1 000	5 000	10 000	25 000	5 0000
90	渭河南岸秦岭北麓区	0.92	0.87	0.81	0.76	0.67	0.64	0.59	0.56
91	陕南山岭区	1.52	1.42	1.31	1.24	1.09	1.03	0.97	0.92
92	大巴山暴雨区		0.72	0.68	0.62	0.52	0.43		
93	东部盆地丘陵区	0.81	0.72	0.66	0.62	0.51	0.47		
94	长江南岸深丘区		0.70	0.63	0.57	0.45	0.41		
95	青衣江、鹿头山暴雨区		0.38 ~ 0.80	0.34 ~ 0.72	0.32 ~ 0.64	0.25 ~ 0.52	0.22 ~ 0.45		
96	安宁河区	0.75 ~ 1.85	0.56 ~ 1.20	0.46 ~ 0.88	0.36 ~ 0.64	0.25 ~ 0.30	0.18 ~ 0.22		
97	川西北高原干旱区		0.57	0.52	0.49	0.41	0.83	0.34	
98	金沙江及雅砻江下游区	0.69 ~ 1.50	0.52 ~ 1.10	0.42 ~ 0.92	0.34 ~ 0.76	0.21 ~ 0.47	0.18 ~ 0.38		
99	贵州东南部多雨区	采用等值线							
100	贵州中部过渡区	采用等值线							
101	贵州西部少雨区	采用等值线							
102	滇东区	采用等值线							
103	滇中区	采用等值线							
104	滇西北区	采用等值线							
105	滇南区	采用等值线							
106	滇西区	采用等值线							
107	西藏高原湖泊区	采用等值线							
108	西藏东部区	采用等值线							
109	雅鲁藏布江区	采用等值线							

全国分区 C_s/C_v 经验关系表

分区编号	分区名称	C_s/C_v 的经验关系	分区编号	分区名称	C_s/C_v 的经验关系
1	三江平原区	2.5	33	晋北Ⅰ区（雁北地区）	3
2	大小兴安岭区	2.5	34	晋中Ⅱ区	3
3	嫩江流域区	2.0	35	晋东南Ⅲ区	3
4	海拉河上游区	2.0	36	晋东南特Ⅲ区（浊漳河水系）	3
5	图、牡、绥区	2.5			
6	二江、拉区	2.5	37	晋东南Ⅲ区	3
7	鸭绿江区	2.5	38	晋西南Ⅳ区	3
8	东辽河区	3	39	鲁山区	2.5
9	松嫩平原区	无观测资料	40	苏鲁丘陵区	2
10	洮、蚊山丘区	1.5	41		
11	霍内上游区		42	苏西地区	3
12	西辽河上游区		43	淮河平原区	2
13	辽东北部山区	3	44	黄河流域区	2
14	辽东及沿海山丘区	3	45	淮河山丘区	2.5
15	辽河平原区	2.5	46	长江流域区、海河流域区	2.5
16	辽西丘陵区	3	47	南、堵、蛮、沮	3.5~2.5
17	辽西山丘区	3	48	漳、黄柏河区、汉北区	2.5
18	辽西风沙区	3	49	溇、举、巴、倒圻、浠水区	3.5~2.0
19	辽河丘陵区	1.5	50	皖浙赣山丘区（1）	2.0~3.5
20	深山区	2.5		皖浙赣山丘区（2）	2.0~3.5
21	沿海丘陵区	2		瓯江、椒江、奉	2.0~3.5
22	浅山区	2.5	51	化江、曹娥江水系区	
23	北部高原区	3	52	闽浙沿海台风区	2.0~3.0
24			53	福建沿海台风区	3
25	太行山北部区	2.5	54	福建内陆峰面雨区	3.5
26	坝下山区	2.5	55	赣江区	3
27	太行山南部区	2.5	56	金、富、陆、修水区	2.5
28	东北部草原丘陵区	3.5	57	湖区	
29	内陆河草原丘陵区	2.5	58	清江三峡区	2.5~3.5
30	大青山、蛮汗山土石山丘陵区（北）	2.5	59	澧水流域区	2
31	大青山、蛮汗山土石山丘陵区（南）	2.5	60	沅水中下游区	2.5
32	黄土流域黄土丘陵沙丘区	2.5	61	沅水上游区	2.5

分区编号	分区名称	C_S/C_v 的经验关系	分区编号	分区名称	C_S/C_v 的经验关系
62	资江流域区	2	88	陇南白龙江区	3.5
63	湘江流域区	1	89	青海高原区	2～4 一般取3
64	内陆区	3			
65	沿海区	3	90	陕北窟野区	3
66	郁江、贺江区	3	91	陕北大理河，延河区	3
67	柳江、桂江区	3	92	渭河北岸泾、洛渭区	2.5
68	红水河区	3	93	渭河南岸秦岭北麓区	3
69	左右江区	3	94	陕南山岭区	2
70	沿海区	3	95	大巴山暴雨区	2
71	海南岛区（西北区） 海南岛区（东区）		96	东部盆地丘陵区	2
			97	长江南岸深丘区	2.5
72	台湾省		98	青衣江、鹿头山暴雨区	2.5
73	阿尔泰区	1.5	99	安宁河区	2
74	伊犁区	1.5	100	川西北高原干旱区	
75	天山北坡区	3.5	101	金沙江、雅砻江下段区	2
76	天山南坡区	3	102	贵州东南部多雨区	3.5
77	昆仑山北坡区	3.5	103	贵州中部过渡区	3.5
78	阿尔旗荒漠区	3	104	贵州西部少雨区	3.5
79	贺兰山、六盘山区	3	105	滇东区	4
80	吴忠盐池区	3	106	滇中区	4
81	河西走廊北部荒漠区	无资料地区	107	滇西北区	4
82	河西走廊西区	3.5	108	滇南区	4
83	河西走廊东区	3	109	滇西区	4
84	祁连山区	3.5	110	西藏高原湖泊区	
85	中部干旱区	3	111	西藏东部区	4
86	黄河上游区	3	112	雅鲁藏布江区	4
87	陇东泾、渭、汉区	3			

皮尔逊Ⅲ型曲线的离均系数 Φ_P 值表

C_s	P% 99.9	99	98	97	95	90	80	70	60	50	100/3	30	20	15	10	5	4	10/3	3	2	1	0.5	1/3	0.1	0.05	0.01
0	-3.090	-2.326	-2.054	-1.881	-1.645	-1.282	-0.842	-0.524	-0.253	-0.000	0.431	0.524	0.842	1.036	1.282	1.645	1.751	1.834	1.881	2.054	2.326	2.576	2.713	3.090	3.291	3.719
0.02	-3.061	-2.312	-2.043	-1.872	-1.639	-1.279	-0.843	-0.527	-0.256	-0.003	0.428	0.522	0.841	1.037	1.284	1.651	1.758	1.842	1.889	2.064	2.341	2.595	2.735	3.119	3.323	3.762
0.04	-3.033	-2.297	-2.032	-1.864	-1.633	-1.277	-0.843	-0.529	-0.260	-0.007	0.425	0.520	0.840	1.037	1.286	1.656	1.764	1.850	1.898	2.075	2.356	2.613	2.756	3.147	3.356	3.805
0.06	-3.005	-2.282	-2.021	-1.855	-1.628	-1.275	-0.844	-0.532	-0.263	-0.010	0.422	0.517	0.839	1.037	1.288	1.662	1.771	1.857	1.906	2.086	2.370	2.632	2.777	3.176	3.389	3.848
0.08	-2.976	-2.267	-2.011	-1.847	-1.622	-1.273	-0.845	-0.534	-0.266	-0.013	0.420	0.515	0.838	1.037	1.290	1.667	1.778	1.865	1.914	2.096	2.385	2.651	2.798	3.205	3.422	3.891
0.10	-2.948	-2.253	-2.000	-1.838	-1.616	-1.270	-0.846	-0.536	-0.269	-0.017	0.417	0.512	0.836	1.037	1.292	1.673	1.785	1.873	1.923	2.107	2.400	2.670	2.819	3.233	3.455	3.935
0.12	-2.920	-2.238	-1.989	-1.829	-1.610	-1.268	-0.847	-0.538	-0.272	-0.020	0.414	0.510	0.835	1.037	1.294	1.678	1.791	1.880	1.931	2.118	2.414	2.688	2.840	3.262	3.488	3.978
0.14	-2.892	-2.223	-1.978	-1.821	-1.604	-1.266	-0.848	-0.541	-0.275	-0.023	0.411	0.507	0.834	1.037	1.296	1.684	1.798	1.888	1.939	2.128	2.429	2.707	2.862	3.291	3.521	4.022
0.16	-2.864	-2.208	-1.967	-1.812	-1.598	-1.263	-0.848	-0.543	-0.278	-0.027	0.409	0.504	0.833	1.037	1.298	1.689	1.805	1.896	1.947	2.139	2.443	2.726	2.883	3.319	3.555	4.065
0.18	-2.836	-2.193	-1.956	-1.803	-1.592	-1.261	-0.849	-0.545	-0.281	-0.030	0.406	0.502	0.832	1.037	1.299	1.694	1.811	1.903	1.955	2.149	2.458	2.745	2.904	3.348	3.588	4.109
0.20	-2.808	-2.178	-1.945	-1.794	-1.586	-1.258	-0.850	-0.548	-0.284	-0.033	0.403	0.499	0.830	1.037	1.301	1.700	1.818	1.911	1.964	2.159	2.472	2.763	2.925	3.377	3.621	4.153
0.22	-2.780	-2.164	-1.934	-1.786	-1.580	-1.256	-0.851	-0.550	-0.287	-0.037	0.400	0.497	0.829	1.037	1.303	1.705	1.824	1.918	1.972	2.170	2.487	2.781	2.946	3.046	3.654	4.197
0.24	-2.752	-2.149	-1.923	-1.777	-1.574	-1.253	-0.851	-0.552	-0.290	-0.040	0.397	0.494	0.828	1.037	1.305	1.710	1.830	1.926	1.980	2.180	2.501	2.800	2.967	3.435	3.688	4.241
0.26	-2.724	-2.134	-1.912	-1.768	-1.568	-1.250	-0.852	-0.554	-0.293	-0.043	0.394	0.491	0.826	1.037	1.306	1.715	1.837	1.933	1.988	2.190	2.516	2.819	2.989	3.464	3.721	4.285
0.28	-2.697	-2.119	-1.901	-1.759	-1.561	-1.248	-0.852	-0.556	-0.296	-0.046	0.391	0.489	0.825	1.037	1.308	1.721	1.843	1.940	1.996	2.201	2.530	2.838	3.010	3.492	3.755	4.330
0.30	-2.669	-2.104	-1.890	-1.750	-1.555	-1.245	-0.853	-0.558	-0.299	-0.050	0.388	0.486	0.824	1.036	1.309	1.726	1.849	1.948	2.003	2.211	2.544	2.856	3.031	3.521	3.788	4.374

续表

C_s	0.01	0.05	0.1	1/3	0.5	1	2	3	10/3	4	5	10	15	20	30	100/3	50	60	70	80	90	95	97	98	99	99.9
															P/%											
0.32	4.418	3.822	3.550	3.052	2.875	2.559	2.221	2.011	1.955	1.856	1.731	1.311	1.036	0.822	0.483	0.385	-0.053	-0.302	-0.561	-0.853	-1.242	-1.549	-1.741	-1.878	-2.089	-2.642
0.34	4.463	3.855	3.579	3.073	2.894	2.573	2.231	2.019	1.962	1.862	1.736	1.312	1.036	0.821	0.481	0.382	-0.056	-0.305	-0.563	-0.854	-1.240	-1.543	-1.732	-1.867	-2.074	-2.614
0.36	4.507	3.889	3.608	3.004	2.912	2.587	2.241	2.027	1.969	1.868	1.741	1.314	1.035	0.819	0.478	0.379	-0.060	-0.308	-0.565	-0.854	-1.237	-1.536	-1.723	-1.856	-2.059	-2.587
0.38	4.552	3.922	3.637	3.115	2.931	2.601	2.251	2.035	1.977	1.874	1.746	1.315	1.035	0.818	0.475	0.376	-0.063	-0.311	-0.567	-0.855	-1.234	-1.530	-1.714	-1.845	-2.044	-2.560
0.40	4.597	3.956	3.666	3.136	2.949	2.615	2.261	2.042	1.984	1.880	1.750	1.317	1.035	0.816	0.472	0.303	-0.066	-0.314	-0.569	-0.855	-1.231	-1.524	-1.705	-1.834	-2.029	-2.533
0.42	4.642	3.990	3.695	3.157	2.967	2.630	2.271	2.050	1.991	1.886	1.755	1.318	1.034	0.815	0.469	0.370	-0.070	-0.316	-0.517	-0.855	-1.228	-1.517	-1.696	-1.822	-2.014	-2.506
0.44	4.687	4.023	3.724	3.179	2.986	2.644	2.281	2.058	1.998	1.892	1.760	1.319	1.034	0.813	0.467	0.367	-0.073	-0.319	-0.573	-0.856	-1.225	-1.511	-1.687	-1.811	-1.999	-2.479
0.46	4.731	4.057	3.753	3.199	3.004	2.658	2.291	2.065	2.005	1.898	1.765	1.321	1.033	0.811	0.464	0.364	-0.076	-0.322	-0.575	-0.856	-1.222	-1.504	-1.677	-1.800	-1.985	-2.452
0.48	4.776	4.091	3.782	3.220	3.023	2.672	2.301	2.173	2.012	1.904	1.770	1.322	1.003	0.810	0.461	0.361	-0.080	-0.325	-0.576	-0.856	-1.219	-1.498	-1.668	-1.788	-1.970	-2.425
0.50	4.821	4.124	3.811	3.241	3.041	2.686	2.311	2.180	2.019	1.910	1.774	1.323	1.032	0.808	0.458	0.358	-0.083	-0.328	-0.578	-0.857	-1.216	-1.494	-1.659	-1.777	-1.955	-2.399
0.55	4.934	4.209	3.883	3.294	3.087	2.721	2.335	2.099	2.036	1.925	1.786	1.326	1.030	0.804	0.451	0.350	-0.091	-0.335	-0.583	-0.857	-1.208	-1.474	-1.636	-1.745	-1.917	-2.333
0.60	5.047	4.293	3.956	3.346	3.132	2.755	2.359	2.117	2.052	1.939	1.797	1.329	1.029	0.799	0.444	0.342	-0.099	-0.342	-0.588	-0.857	-1.200	-1.458	-1.613	-1.720	-1.880	-2.268
0.65	5.160	4.377	4.028	3.398	3.178	2.790	2.383	2.135	2.169	1.953	1.808	1.331	1.027	0.795	0.436	0.335	-0.108	-0.349	-0.592	-0.857	-1.192	-1.441	-1.589	-1.692	-1.843	-2.204
0.70	5.274	4.462	4.100	3.450	3.223	2.824	2.407	2.153	2.085	1.967	1.819	1.333	1.024	0.790	0.429	0.326	-0.116	-0.356	-0.596	-0.857	-1.183	-1.423	-1.566	-1.663	-1.806	-2.141
0.75	5.388	4.546	4.172	3.501	3.268	2.857	2.430	2.170	2.101	1.980	1.829	1.335	1.022	0.785	0.421	0.318	-0.124	-0.362	-0.600	-0.857	-1.175	-1.406	-1.542	-1.635	-1.769	-2.078
0.80	5.501	4.631	4.244	3.553	3.312	2.891	2.453	2.187	2.117	1.993	1.839	1.336	1.019	0.780	0.413	0.310	-0.132	-0.369	-0.604	-0.856	-1.166	-1.389	-1.518	-1.606	-1.733	-2.017
0.85	5.615	4.715	4.316	3.604	3.357	2.924	2.476	2.204	2.132	2.006	1.849	1.338	1.017	0.775	0.405	0.302	-0.140	-0.375	-0.608	-0.855	-1.157	-1.371	-1.494	-1.577	-1.696	-1.958
0.90	5.729	4.799	4.388	3.655	3.401	2.957	2.498	2.220	2.147	2.018	1.859	1.339	1.013	0.769	0.397	0.294	-0.148	-0.328	-0.611	-0.854	-1.147	-1.353	-1.470	-1.549	-1.660	-1.899
0.95	5.843	4.883	4.460	3.706	3.445	2.990	2.520	2.237	2.162	2.031	1.868	1.340	1.010	0.763	0.389	0.285	-0.156	-0.388	-0.615	-0.853	-1.137	-1.335	-1.446	-1.52	-1.624	-1.842

参 考 文 献

[1] 叶镇国. 水力学与桥涵水文 [M]. 北京：人民交通出版社，2001.

[2] 俞高明. 桥涵水力水文 [M]. 北京：人民交通出版社，2001.

[3] 叶镇国. 实用桥涵水力水文计算原理与习题解法指南 [M]. 北京：人民交通出版社，2001.

[4] 李大美. 水力学 [M]. 武汉：武汉大学出版社，2008.

[5] 中华人民共和国行业标准. 公路水文勘测设计规范 (JTJ 062—2002) [S]. 北京：人民交通出版社，2002.

[6] 中华人民共和国行业标准. 公路桥涵地基与基础设计规范 (JTG D63—2007) [S]. 北京：人民交通出版社，2007.

[7] 中华人民共和国行业标准. 公路水文勘测设计规范 (JTJ 062—1991) [S]. 北京：人民交通出版社，1993.

[8] 张学龄. 桥涵水文 [M]. 北京：人民交通出版社，1995.

[9] 舒国明. 桥涵水力水文 [M]. 北京：人民交通出版社，2002.

[10] 邓爱华，张宇华. 水力学与桥涵水文 [M]. 北京：科技出版社，2007.

[11] 中华人民共和国水利部. 防洪标准 (GB 50201—1994) [S]. 北京：中国计划出版社，1992.

[12] 顾清石，绍浦. 公路桥涵手册 [M]. 北京：人民交通出版社，2005.

[13] 向华球主编. 水力学 [M]. 北京：人民交通出版社，1993.

[14] 中交公路规划设计院. 公路圬工桥涵设计规范 [S]. 北京：人民交通出版社，2005.

[15] 中华人民共和国行业标准. 公路桥涵设计通用规范 (JTG D60—2004) [S]. 北京：人民交通出版社，2004.

[16] 中华人民共和国行业标准. 公路桥涵地基与基础设计规范 (JTG D61—2005) [S]. 北京：人民交通出版社，2005.

[17] 李同斌. 地下水动力学 [M]. 长春：吉林大学出版社，1996.